슬기로운 탄소중립
이산화탄소를 줄이고, 잡아라

글 정종영 · 그림 정유나

쉼 어린이

머리말

　2021년 10월, 대한민국 탄소중립 정책의 큰 변화가 있었다. 온실가스 감축량이 기존 26.3%에서 40%로 급격하게 올랐다. 갑작스러운 목표 변화로 인해 우리나라 기업 대부분이 잠시 충격에 빠지며 어려움을 호소했다.
　온실가스를 줄이기 위해 가장 쉽고 빠른 방법은 공장과 발전소를 모두 멈추는 것이다. 이렇게 하면 간단하게 탄소중립을 실현할 수 있지만, 현실적으로 불가능한 얘기이다.
　2030년까지 추가 13.7% 더 감축 하는 것이 쉬운 일은 아니다. 하지만 새롭게 발표한 탄소중립 시나리오를 보면, 전혀 불가능한 일도 아닌 것 같다. 경제 발전을 계속 유지하면서 발생하는 이산화탄소를 잡아 가두는 이산화탄소의 포집·저장·활용(CCUS) 기술이 있기 때문이다. CCUS에 대한 우리 정부의 계획을 보다가 문득 〈지혜로운 며느리〉 이야기가 떠올랐다.

　옛날, 어느 고을에 학식이 높은 양반이 살았다. 집이 너무 가난해서 끼니 거르는 날이 많았다. 아버지는 아들에게 가난을 물려주기 싫어 큰 결심을 하였다. 신분을 가리지 않고 지혜로운 며느리를 뽑기로 마음먹었다.
　우물가에 방을 붙였다. 쌀 한 되로 한 달 동안 온 가족이 먹고살 수 있다면 누구든 며느리로 뽑겠다는 내용이었다.
　많은 여인이 지원했지만, 일주일을 버티지 못했다. 2kg도 되지 않는 쌀로 네 식구가 한 달을 버티기가 힘들었기 때문이다. 시간이 갈수록 찾아오는 사람이 줄었고, 아버지의 마음도 점점 흔들렸다. 그러던 중 어여쁜 여인이 찾아왔다.
　이 여인은 첫날부터 쌀 한 되로 밥을 지어 저녁상을 차렸다.

모두 깜짝 놀랐다. 그러고는 집 밖으로 나가 삯바느질 감을 받아왔다. 이렇게 돈을 벌어 가족을 부양했다. 돈이 남으면 병아리를 사 왔다. 한 달 동안 가족은 단 하루도 배를 곯지 않았다.

몇 년 뒤, 이 집은 이 고을에서 제일 부자가 되었다. 지혜로운 며느리는 부지런히 일하여 재산을 차근차근 늘렸다. 병아리를 키워 닭을 팔고, 돼지를 키워 송아지를 사고, 소를 팔아 땅을 사면서 말이다.

이 이야기는 절약만이 방법이 아니라는 지혜를 알려준다. 우리나라 탄소중립 시나리오에도 이 이야기와 비슷한 맥락이 존재한다. 앞서 얘기한 것처럼 탄소중립을 가장 쉽고 빠르게 할 수 있는 방법은 온실가스를 배출하는 공장, 발전소, 자동차를 모두 없애는 것이다. 그러나, 이렇게 하면 우리나라 경제는 순식간에 무너지고 만다. 하지만 이산화탄소의 포집·저장·활용(CCUS) 기술을 제대로 사용하면 기존 산업을 그대로 유지하고 발전시키면서 탄소중립을 실현할 수 있다. 마치 지혜로운 며느리처럼 말이다.

이 책이 나오기까지 많은 분이 도와주셨다. 퇴고까지 아낌없이 조언해주신 고정욱 작가님, 늦은 밤까지 늘 응원을 해주신 이성엽 작가님, 자료 수집과 마지막 원고 수정까지 꼼꼼하게 챙겨주신 탄소중립교육연구소 김윤해·함동호 이사님, 자료를 흔쾌히 보내주신 집씨통 강덕회 활동가님께 감사 인사를 드린다.

운현궁 뒷담에서 북악산을 바라보며
2023년 9월
정종영

차례

❖ 1 ❖ 기자단 환영식

- 녹색어린이신문 기자단 _ 10
- 더 맑고 깨끗한 지구를 만들기 위해 기자단 도전! _ 16
- 2기 기자단이 되다 _ 24

❖ 2 ❖ 미래의 연금술

- 탄소 포집 기술 대회 _ 36
- 생각보다 간단한 이산화탄소 포집 _ 44
- 이산화탄소를 잡는 기술 _ 52
- 땅 속에 갇힌 이산화탄소 _ 59
- 이산화탄소의 활용은 미래의 연금술 _ 67

3 나무는 탄소 먹는 하마

- 사람부터 탄소중립 _ 78
- 나무 175그루를 어떻게 심어 _ 87
- 어린나무를 많이 심어야 하는 이유 _ 96
- 도시 숲에 사는 산새 _ 107
- 나뭇가지로 깨끗한 전기를 만들 수 있다! _ 116

4 바다는 거대한 흡수원

- 바다에서 자라는 나무 _ 126
- 바다식목일에는 무엇을 심을까? _ 135
- 가장 많은 탄소를 저장하는 블루카본 _ 144
- 국립해양생물자원관 _ 152
- 갯벌은 최고의 탄소흡수원 _ 162

5 환경 지킴이

- 잘피 숲을 만들자 _ 170
- 환경 기념일 달력 _ 179

에필로그

4월 22일
지구의 날

1장

기자단 환영식

녹색어린이신문 기자단

"기자단 모집?"

가온이가 논술학원을 나가다가 복도 벽에 붙은 포스터를 보고 멈췄다. 녹색어린이신문 기자단 모집 안내였다. 가온이는 평소에 환경에 관심이 많았다. 기자단 활동을 하면 환경에 대해 더 많은 것을 배울 수 있겠다는 생각이 들었다.

포스터를 살피다가 입이 쩍 벌어졌다. 여름과 겨울에 미디어 캠프가 열리고, 연말에는 우수 기자를 선발해서 해외 탐방도 보내주었다.

"가온아, 뭔데 그렇게 열심히 보니?"

"이것 좀 봐."

가온이가 앞을 가리키자, 다민이도 호기심 어린 눈으로 포스터를 보았다.

"해외 탐방?"

둘은 기분이 좋은지 서로 쳐다보며 눈웃음을 지었다.

"지원해볼까?"

"좋지!"

가온이와 다민이는 3학년 때 같은 반이 되어 처음 만났지만, 죽이 척척 잘 맞아 매일 단짝처럼 붙어 다녔다.

"너희들, 집에 안 가고 왜 거기서 떠드니?"

선생님이 입구까지 나와 둘에게 소리쳤다.

"죄송해요. 포스터 본다고……."

다민이가 얼른 고개를 돌려 선생님께 사과했다.

가온이는 스마트폰을 꺼내 포스터 사진을 찍었다. 그러고는 다민이에게 한쪽 눈을 깜빡이며 고갯짓으로 밖을 가리켰다.

3월이 코앞에 다다랐지만, 꽃샘추위가 유별나게 시샘을 부렸다. 찬바람이 훅 불어오자 둘은 옷깃을 세워 볼까지 올렸다.

"에취! 어디 좀 들어가자."

"편의점 갈래?"

다민이가 길 건너편 녹색 간판을 가리켰다. 둘은 편의점으로 달려가 음료수를 하나씩 고른 뒤 의자에 앉아 스마트폰을 열었다. 빨대로 음료수를 쪽쪽 빨아당기며 포스터 내용을 다시 살폈다.

"다민아, 2년은 너무 길지 않을까? 모르는 애들이랑 2년 동안 같이 하는 게 힘들 수 있잖아?"

"그럼, 친구 한 명 더 부를까?"

"누군데?"

"히히. 태어날 때부터 만난 특별한 친구가 있지. 나랑 생일도 똑같아. 작년 생일 파티 때 봤을 텐데. 누군지 알지?"

"혹시, 산후조리원 동기?"

"맞아."

다민이와 서윤이는 같은 날 태어났고, 산후조리원에서 처음 만났다. 같은 곳에서 한 달 정도 있다 보니 엄마들끼리 먼저 친해졌고, 둘은 자연스럽게 친구가 되었다.

"우수 기자 되려면, 힘들지 않을까?"

다민이가 얼굴을 찌푸리며 가온이를 쳐다보았다.

"맞네. 우수 기자가 되려면, 기사를 잘 써야 할 텐데……. 우리는 논술학원 숙제도 힘들어하잖아."

"히히, 인정! 처음부터 잘하는 사람이 어딨니? 열심히 하다 보면 글쓰기 실력도 늘겠지."

"그런가? 아, 맞다! 연우가 여기서 기자단 활동한다고 얘기했던 것 같은데, 전화해서 물어볼까?"

"진짜?"

다민이가 맞장구를 치자 가온이는 곧바로 연우에게 전화를 걸었다. 기자단 활동에 대해 물어보다가 얘기가 길어지자, 아파트 상가 분식집에서 만나기로 약속을 잡았다. 다민이도 서윤이에게 연락했다.

토요일 오전, 가온이는 새로 산 하얀 점퍼를 입고 집에서 나왔다.

"딩동딩동 찍찍찍."

다민이가 보낸 문자 메시지였다.

다민

어디야? 서윤이랑 같이 있음.

지금 가는 중. 5분 후 도착!

가온

가온이는 답장을 보내고 아파트 상가 계단을 힘차게 올라갔다.

"가온아, 같이 가자!"

연우 목소리에 가온이는 계단 끝에서 고개를 돌렸다. 연우가 셀카봉을 들고 천천히 계단을 올라갔다. 연우가 가온이 옆에 딱 달라붙으면서 손가락으로 스마트폰 카메라를 가리켰다.

"가온아, 웃는 얼굴로 여기 좀 볼래?"

연우는 요즘 동영상 촬영에 재미를 붙였다. 거리를 다닐 때도 셀카봉 끝에 붙은 카메라를 보면서 걸을 정도였다.

"안녕하세요. 녹색어린이신문 이연우 기자입니다. 오늘은 녹색어린이신문 기자단 홍보를 위해 옆 동네까지 나왔습니다. 2기 기자단에 관심을 가진 정가온 학생을 방금 만났습니다. 반갑게 인사해주시겠습니까?"

"안…… 안녕하세요. 정…… 정가온입니다. 여러분, 반…… 반갑습니다. 떨려서 말이 제대로 안 나와. 나중에 다시 찍자."

가온이가 얼굴을 푹 숙이고는 분식집 쪽으로 재빨리 몸을 돌렸다.

"알았어. 나중에 다시 찍자."

가온이가 분식집 문을 열고 들어가자, 연우도 천천히 따라 들어왔다.

"오랜만이다."

가온이가 서윤이에게 반갑게 인사하면서 다민이 앞에 앉았다. 서윤이도 환한 표정으로 인사하면서 연우에게도 손을 흔들었다.

연우가 앉으려다가 서윤이와 눈이 마주쳤다. 하얀 얼굴에 양 갈래로 땋은 갈색 머리, 새록새록 웃는 표정에 연우 심장이 벌렁벌렁 뛰었다.

"안…… 안녕."

연우가 말을 더듬거렸다. 몸이 얼어버린 듯 꼼짝도 하지 않았다. 얼굴이 벌게지면서 눈동자가 정신없이 움직였다. 하필 빈자리가 바로 서윤이 앞이었다.

"빨리 앉아."

가온이가 손으로 의자를 툭툭 치면서 연우를 보았다.

"어, 너 얼굴이……. 카메라 앞에서는 말도 술술 잘하더니, 갑자기 더듬거리네."

가온이가 씩 웃으면서 연우에게 눈을 흘겼다.

"안녕, 얘기 많이 들었어."

다민이도 웃음을 참으며 연우에게 인사했다. 연우는 숨을 크게 한번 쉬고는 뛰는 가슴을 달래면서 자리에 앉았다.

"일…… 일단, 뭐 좀 시키자!"

연우는 앉자마자 메뉴판을 높이 들었다. 잠시라도 서윤이와 눈을 피하고 싶었다. 설레는 표정을 감추려면 다른 방법이 없었다.

더 맑고 깨끗한 지구를 만들기 위해 기자단 도전!

"어린이 기자단은 무슨 활동을 하는 거야?"

음료수와 치즈떡볶이를 시켜놓고, 가온이가 먼저 말을 꺼냈다. 연우는 대답하려다가 잠시 멈칫하더니 가방에서 2월호 신문과 기자 수첩을 꺼냈다.

"어떤 기사를 쓰는지 먼저 살펴볼래?"

며칠 전에 나온 신문이었다. 떨리는 마음이 가라앉은 듯 연우 목소리가 제법 의젓했다. 셋이 신문을 보는 사이, 연우가 수첩을 펼쳤다. 그러고는 어린이 기자단의 활동 목적에 관해 설명했다.

"와! 그냥 재미로 해볼까 생각했는데, 기자단 활동이 정말 중요한 일이네."

서윤이도 손뼉을 치며 연우를 바라보았다. 연우는 못 본 척하면서 수첩에서 눈을 떼지 않았다.

"지금 지구는 매우 아파. 더 아프게 보고만 있을 수 없잖아. 그래서 우리 어린이가 나선 거야. 미래의 지구는 우리가 주인이잖아."

연우의 얘기에 셋은 고개를 끄덕였다.

"그리고……."

"그리고 또 뭐?"

이번에는 다민이가 눈을 동그랗게 뜨며 연우를 바라보았다.

"간식이 정말 끝내줘."

연우는 엄지손가락을 앞에 올리며 지금까지 먹었던 음식을 얘기했다. 그리고는 다시 설명을 이어갔다. 기자단에 들어가면 2주에 한 번씩 교육을 받는다. 기사 작성법과 환경 상식 등을 배우고 학기 중에는 미디어 캠프도 간다. 여름 방학에는 3~4명이 한 조가 되어 환경 캠페인 활동도 벌인다.

"우수 기자 선발은 어떻게 해? 몇 명을 뽑아?"

연우의 설명이 끝나자마자, 다민이가 물었다. 우수 기자는 기수당 다섯 명을 뽑는다. 1기, 2기 모두 합해 총 10명이었다. 기사 제출, 기사 채택 횟수, 출석 점수, 캠페인 활동 점수 등을 합해서 선발했다.

"쉽지 않겠는데?"

가온이가 고개를 갸웃거리며 연우를 쳐다보았다.

"나도 작년에 아슬아슬하게 떨어졌어. 그래서 동영상 촬영을 시작한 거야. 캠페인 활동 점수에 SNS 홍보도 있거든. 다른 애들과 똑같이 해서는 점수 따기가 힘들어. 너희도 기자단에 들어오면, 나랑 같이 동영상 만들어서 SNS 활동 같이하자!"

"좋지. 너도 할 거지?"

다민이가 방긋 웃으며 고개를 끄덕거리다가 서윤이를 바라보았다.

"네가 하면 당연히 나도 해야지. 우리 모두 우수 기자에 뽑혀서 해외여행 가자!"

서윤이의 말에 다민이가 환하게 웃으며 고개를 끄덕거렸다.

"야! 급한 건 그게 아니야. 기자단에 뽑혀야 캠프든 해외여행이든 갈 수 있잖아. 기사부터 얼른 써보자!"

"맞네."

다민이와 서윤이가 동시에 대답했다.

"무슨 기사를 써야 기자단에 뽑힐까?"

가온이가 연필을 돌리며 고민하는 사이, 아주머니가 음식을 가져왔다.

"와! 맛있겠다. 얼른 먹자!"

"어, 빨대가 없네? 내가 빨대 가져올게."

"가온아, 잠깐만!"

"왜?"

가온이가 멈칫거리며 연우에게 고개를 돌렸다. 연우가 플라스틱 사용의 심각성에 대해 알려주었다. 플라스틱은 몇백 년 동안 썩지 않고,

바다로 흘러 들어가 잘게 쪼개진 미세플라스틱이 되어 다시 사람의 몸으로 들어온다는 연우의 설명에 모두 놀랐다.

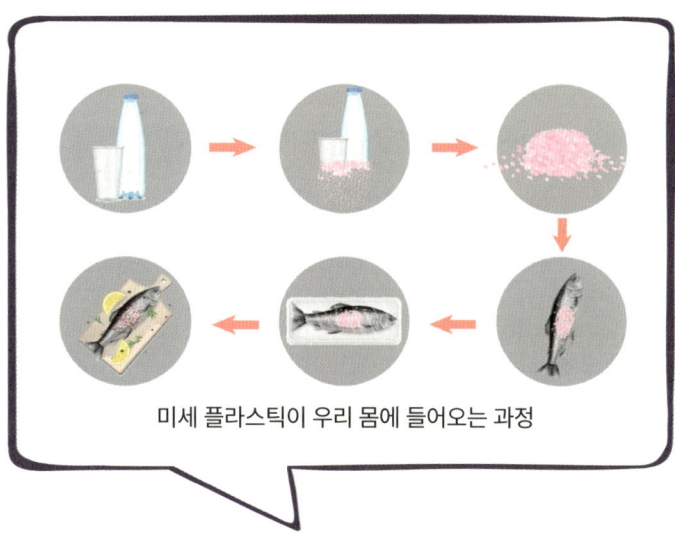
미세 플라스틱이 우리 몸에 들어오는 과정

"와! 기자단 활동을 하게 되면, 환경 상식도 많이 알 수 있겠는데."

가온이가 얘기를 하면서 다시 자리에 앉았다.

"맞아. 기자단 활동을 하다 보면, 지구를 사랑하는 방법을 자연스럽게 알게 되지."

"연우 말이 맞아. 너 신싸 멋있어. 나도 니랑 같이 기지단 활동하고 싶어."

서윤이가 부러운 눈빛으로 연우를 바라보았다. 연우는 왠지 모르게 기분이 좋아졌다.

그릇을 싹 비운 뒤, 다시 얘기를 시작했다. 연우는 기자단에 뽑히기 위해 어떻게 글을 써야 하는지 알려주었다. 모두 눈을 초롱초롱하게 뜨고 귀를 쫑긋 세워 연우의 설명을 집중해서 들었다.

"너무 어려운데."

서윤이가 얼굴을 찌푸리며 다민이를 보았지만, 다민이도 자신이 없기는 마찬가지였다.

"연우야, 네가 좀 도와줘. 우리 실력으로 2주 안에 도저히 못 끝낼 것 같아. 시간이 별로 없잖아."

가온이가 애원하듯 얘기했다.

"제발."

다민이와 서윤이도 동시에 매달렸다. 연우는 흔쾌히 허락했다. 글쓰기를 도와주면서 서윤이와 좀 더 친하게 지내고 싶었다.

"좋아. 매주 토요일 어때?"

연우의 제안에 모두 동의했다.

"다음 주에 내가 1기 기자단 교재를 가져올게. 거기서 하나 고르면

합격은 어렵지 않을 거야."

연우는 단체 대화방을 만들자고 얘기하면서 다민이와 서윤이의 전화번호를 슬쩍 물어보았다.

2주 동안 셋은 연우와 함께 기사를 썼다. 자기소개서는 간단히 끝내고, 기사 작성에 더 많은 시간을 투자했다. 가온이는 평소 좋아하는 나무에 대해 적고, 다민이는 바다에 대해 썼다. 서윤이의 글감은 연우가 골라준 플라스틱이었다.

각자 녹색어린이신문 홈페이지에 올라온 기사를 읽고, 인터넷 검색으로 자료를 찾았다. 연우는 도서관에서 책을 빌려와 필요한 부분을 찾아서 알려주었다. 처음에 엉망이던 글이 점점 기사로 변해갔다.

"서윤아, 태평양 플라스틱 섬 사진 찾아서 넣자. 논리적인 설명도 좋지만, 어떨 때는 사진 한 장이 더 효과적으로 상대방을 설득할 수 있거든."

"정말? 바로 찾아볼게. 고마워."

서윤이의 상냥한 목소리를 듣자, 연우의 얼굴에 환한 무지개가 피어올랐다.

"칫! 야, 나한테는 사진 넣으라는 얘기 왜 안 하는데?"

가온이가 연우를 보며 따지듯 물었다.

"그…… 그건, 넌 사진 안 넣어도 될 것 같아서. 아니, 너…… 너도 하나 넣어봐."

"진짜, 너무하네."

가온이가 코맹맹이 소리를 내면서 입술을 슬쩍 깨물었다. 가온이의 매서운 눈빛에 연우의 얼굴이 벌겋게 달아올랐다. 다민이는 고개를 숙이며 터져 나오는 웃음을 애써 참았다.

수십 번을 썼다 지웠다 하며 기사를 완성했다.

그러고는 녹색어린이신문 홈페이지에 들어가 자기소개서와 기사를 제출했다.

"와, 이제 끝났다!"

가온이가 큰 소리로 얘기하면서 손을 번쩍 들었다.

"우리 파티할까?"

다민이가 한쪽 눈을 껌뻑거리며 서윤이를 쳐다봤다.

"좋아."

서윤이도 싱글벙글 웃으며 고개를 끄덕였다.

"기자단 합격하면 내가 파티 열어줄 테니까, 우리 일주일만 기다렸다가 파티하자. 나도 떨린단 말이야."

일주일이 훌쩍 지나갔다. 셋은 토요일 아침부터 녹색어린이신문 홈페이지에 들어가 공지 게시판을 살폈다. 넷이 모인 단체 대화방에서 기대에 가득 찬 얘기가 넘쳐흘렀다. 시간이 갈수록 단체 대화방에서 우울한 얘기가 스멀스멀 흘러나왔고, 모두 힘이 빠진 듯 아무도 말을 하지 않았다.

점심때가 지날 무렵, 공지 게시판에 합격자 발표가 올라왔다. 동시에 문자도 도착했다. 셋 모두 합격이었다. 침울했던 대화방 분위기가 잔칫집으로 변했다. 깔깔거리는 이모티콘이 돌아다니고, 축포까지 쏘아 올리며 북새통이 벌어졌다.

연우는 서윤이가 말끝에 붙인 하트 표시를 보고 가슴이 설레였다.

하지만 가온이와 다민이까지 연달아 날리는 하트를 보고는 고개를 갸웃거렸다.

'무슨 뜻이지?'

아무리 생각해도 무슨 뜻인지 해석할 수가 없었다. 그렇다고 직접 물어볼 수도 없으니 가슴만 답답했다.

2기 기자단이 되다

단장이 인사를 끝내고 앞으로 나왔다. 그러고는 두 손을 위로 올리며 힘찬 목소리로 외쳤다.

"2기 녹색어린이신문 기자단이 되심을 축하드립니다. 모두 환영의 박수로 맞이해 주시기 바랍니다."

우렁찬 박수가 강당에 울려 퍼졌다. 1기 기자단 대표가 앞으로 나와 큰 소리로 기자의 윤리를 외친 후 아래로 내려왔다. 젊은 여자가 앞으로 나와 올해 기자단 활동에 관해 설명했다.

"안녕하세요. 기자단 교육을 맡은 박경숙 교육팀장입니다. 시작하기 전에 우리 모두 기자단 구호를 한번 외쳐볼까요? 나눠드린 교재 맨 앞장에 구호가 있습니다."

팀장 말이 끝나기 무섭게 모두 교재를 넘겼다. 여기저기에서 웃음이 터져 나왔다.

"다 같이 함께 외쳐보겠습니다."

"아는 만큼 보인다. 배워서 남 주자!"

"한 번 더!"

구호가 재미있는지, 아이들 목소리도 경쾌했다.

"우리 구호처럼 제대로 알아야 무엇이 옳은 지 틀린 지 정확히 구분할 수 있습니다. 좋은 것이 있다면 남과 함께 나누는 태도 역시 중요합니다. 특히, 환경 문제는 혼자 힘으로 해결할 수 없기 때문에 이런 자세가 더더욱 필요합니다. 자, 여기를 보세요."

팀장이 뒤쪽 벽면으로 몸을 돌리며 손을 올렸다. 하얀 벽이 커다란 화면으로 변했다.

"오늘은 상반기에 공부할 내용에 대해 간단히 알려드리겠습니다."

화면 속에 '탄소중립'이라는 큰 글씨가 올라왔다.

"여러분, 요즘 신문이나 방송에서 '탄소중립'이라는 단어가 많이 나옵니다. 이 말의 뜻이 무엇일까요?"

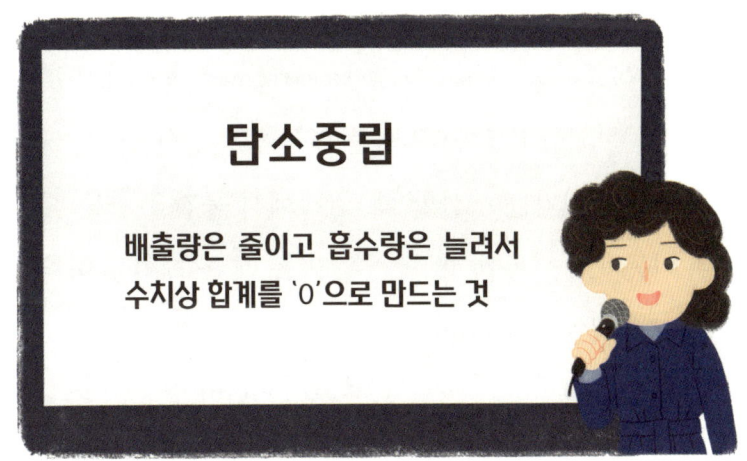

셋은 연우와 함께 기사를 쓰면서 탄소중립에 대해 이미 들었다. 하지만 다른 사람 앞에서 발표하려니, 한마디로 정리가 되지 않았다. 모두 멀뚱멀뚱 앞만 쳐다보자, 팀장이 기후 위기에 대한 동영상을 틀어주며 설명을 곁들였다.

20세기 말부터 지구 대기 온도가 상승했고, 원인으로 온실가스 배출을 지목했다. 지구온난화로 인한 피해가 지구 곳곳에서 발생했다. 남극 빙하가 녹아 바닷물 높이가 상승했고, 아프리카 대륙의 킬리만자로 만년설이 녹아 극심한 가뭄이 일어났다.

"급속한 기온 상승으로 인해 지구 곳곳에 가뭄, 홍수, 폭설, 폭우 등과 같은 이상기후가 발생했습니다. 그래서 세계 각국이 모여 2050년까지 온실가스 배출량을 줄이자고 약속했습니다."

팀장이 탄소중립에 관해 설명하면서 도표를 보여주었다. 대한민국에서 발생하는 전체 온실가스양이 부문별로 표시된 자료였다.

모든 국가마다 온실가스 감축 목표량이 정해져 있다. 이것을 국가 온실가스 감축 목표(NDC, Nationally Determined Contribution)라고 부른다.

"배출 부문부터 살펴볼까요? 배출 부문에는 전환(전기), 산업, 건물 등이 있습니다. 전기를 생산할 때, 공장에서 물건을 만들 때, 건물을 지을 때, 자동차로 이동할 때, 곡식을 키울 때, 쓰레기를 버릴 때 온실가스가 배출된다는 뜻입니다."

7개 부문의 총 배출량이 727.6백만 톤CO_2eq이었다.

국가온실가스 감축목표(NDC)

대한민국은 2050년까지 온실가스 배출량을 2018년에 비해 40%를 줄이는 것이 목표이다. 2018년 727.6백만 톤CO_2eq*의 온실가스를 배출했으므로, 2030년 배출량은 40% 줄어든 436.6백만 톤CO_2eq이다. 이렇게 줄여야만 2050년에 순 배출량(배출량은 줄이고 흡수량은 늘려서 수치상 합계를 '0'으로 만드는 것)을 '0'으로 맞출 수 있다.

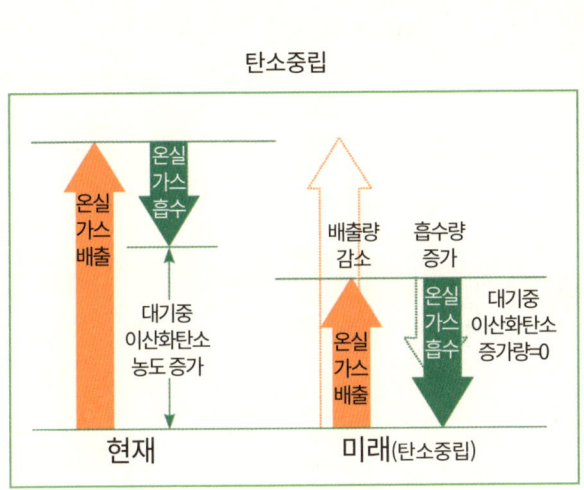

구분	부문	2018년
	배출량	686.3
배출	전환	269.6
	산업	260.5
	건물	52.1
	수송	98.1
	농축수산	24.7
	폐기물	17.1
	수소	-
	탈루	5.6
흡수 및 제거	흡수원	-41.3
	CCUS	-
	국외감축	-

"배출의 반대는 흡수 및 제거입니다. 온실가스를 흡수하거나 강제로 제거한다는 뜻입니다."

지금까지 온실가스 흡수는 주로 산림과 해양에서 이루어졌다. 흡수량은 41.3백만 톤CO_2eq이었다.

*CO_2eq : 모든 온실가스 배출량을 대표 온실가스인 이산화탄소로 환산하여 계산한 값이다. 각각의 온실가스 배출량에 온실가스 별 온난화 지수(GWP)를 곱하여 계산한다. 이산화탄소가 1이면, 같은 양의 메탄은 34~80이며, 아산화질소는 268~298이다. 즉, 똑같은 양이라도 메탄과 아산화질소가 온실효과에 더 많은 영향을 미친다.

배출량에서 흡수량을 뺀 순 배출량은 686.3백만 톤CO_2eq이었다. 흡수량보다 배출량이 훨씬 더 많았다.

"2050년에 탄소중립을 이룬다면, 지금과는 많이 달라질 겁니다. 어떻게 변화하는지 또 살펴볼까요?"

얘기와 동시에 화면이 또 넘어갔다.

"와!"

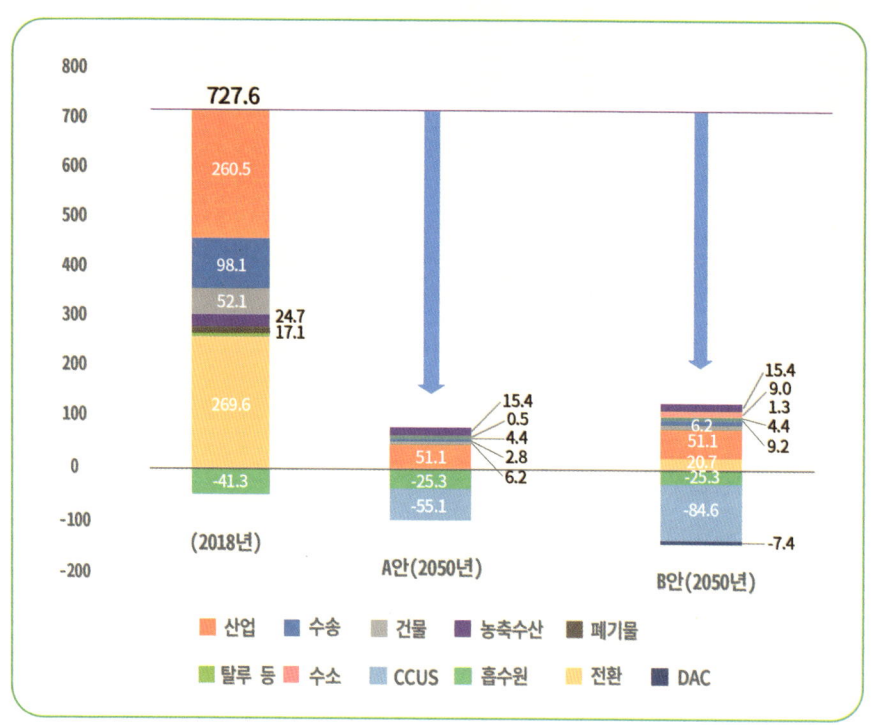

모두 깜짝 놀란 듯 눈이 휘둥그레졌다. 왼쪽 막대와 비교해 오른쪽 막대가 쑥 아래로 내려왔기 때문이다. 2050년은 배출량에서 흡수량을 빼면 순 배출량이 모두 '0'이었다.

"자, 이제 탄소중립이 뭔지 알겠죠?"

"네."

모두 알겠다는 듯 우렁찬 목소리가 강당 안에 울려 퍼졌다.

"작년에는 탄소중립과 관련된 산업, 에너지, 폐기물 부문을 공부했습니다. 올해는 배출의 반대 개념인 흡수 및 제거에 대해 집중적으로 살펴볼 겁니다. 오늘은 전체적으로 간단한 설명만 하고 끝내겠습니다."

팀장은 교재를 보면서 이산화탄소 제거부터 흡수원까지 간단하게 설명했다.

이산화탄소 제거 및 흡수 방법 3가지

1. CCUS*

우리 산업에서 제조업은 매우 중요하다. 다른 선진국에 비해 제조업 비중이 높기 때문이다. 그 중에서도 철강·화학 등의 제조업은 에너지 소비가 많다. 제조업의 성장은 온실가스 배출과 밀접한 관계가 있다. 제조업이 성장하면, 온실가스 배출량도 함께 증가한다. 또한, 전력 사용량이 늘어나면서 발전 부문의 배출량까지 동시에 증가한다. 반대로 제조업 성장이 하락하면 온실가스 배출도 같이 줄어든다. 제조업과 온실가스 배출은 뗄 수 없는 밀접한 연관성이 있다.

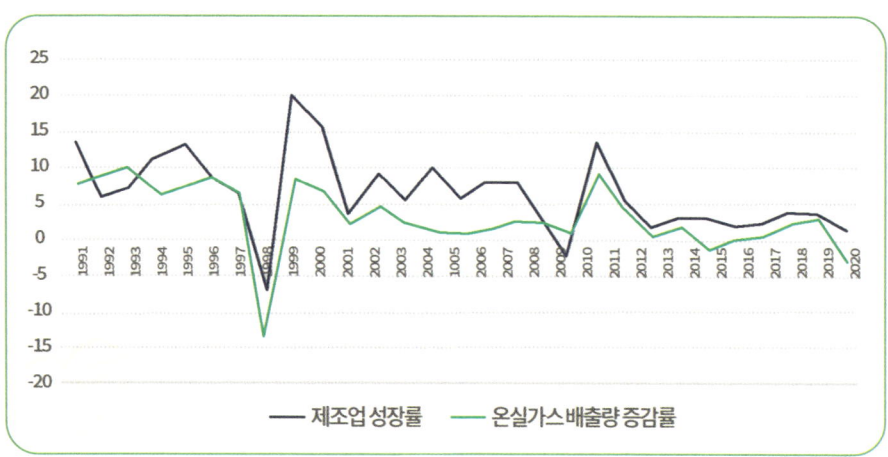

대한민국의 제조업은 값싼 에너지원인 화석연료에 많이 의존한다. 석유·석탄 소비량이 전체 소비량의 70% 이상을 차지한다. 화석연료는 온실가스 배출의 주요 원인이다.

우리나라는 2050년까지 탄소중립을 이루는 동시에 경제발전을 이룩해야 한다. 산업을 성장시키면서 동시에 이산화탄소를 줄이는 방법이 바로 이산화탄소 포집 및 활용·저장 기

* CCUS(Carbon Capture, Utilization, and Storage)는 대기 중이나 배출가스에 포함된 이산화탄소를 모아 만든 제품을 산업적으로 활용하거나 장기간 안전하게 저장하는 기술이다.

술(CCUS)이다. <2050 탄소중립 실현을 위한 시나리오>를 살펴보면, CCUS 부문에서 매년 5,510만~8,460만 톤의 이산화탄소를 포집·활용·저장하겠다고 목표를 잡았다. 이것은 연간 온실가스 총배출량의 62~70%를 줄인 양이다.

대한민국의 탄소배출 시나리오는 2가지이다. 시나리오 A 안은 화력발전을 모두 중단하고, 그린 수소를 생산하여 온실가스 배출을 최대한 줄이는 계획이고, B 안은 기존 방법을 일부 유지하면서 CCUS의 비중을 높인 계획으로 방향은 조금 다르다. CCUS는 고도의 기술이 필요하고, 초기 투자 비용이 많이 들어간다. 또한, 대한민국 주변에 이산화탄소를 저장할 곳도 많지 않다. 지금 CCUS의 수준은 걸음마 단계에 머물러 있다. 시나리오 B 안을 실행하려면 CCUS에 대한 투자와 연구가 지금보다 더 활발해져야 2050년에 탄소중립을 이뤄낼 수 있을 것이다.

2050 탄소중립 실현을 위한 시나리오

(단위: 백만 톤CO_2eq)

구분	부문	2018년	A안	B안	비고
배출량		686.3	0	0	
배출	전환	269.6	0	20.7	A안은 화력 발전 전면 중단, B안은 화력발전 중 LNG 일부 잔존 가정
	산업	260.5	51.1	51.1	
	건물	52.1	6.2	6.2	
	수송	98.1	2.8	9.2	A안은 전기·수소차 등 무공해차로의 전면적인 전환, B안은 내연기관차의 대체 연료(e-fule 등)사용 가정
	농축수산	24.7	15.4	15.4	
	폐기물	17.1	4.4	4.4	
	수소	-	0	9	A안은 국내 생산 수소 전량을 수전해 수소(그린 수소)로, B안은 부생·추출 수소 일부 생산 가정
	탈루	5.6	0.5	1.3	
흡수 및 제거	흡수원	-41.3	-25.3	-25.3	
	이산화탄소 포집 및 저장·활용 (CCUS)	-	-55.1	-84.6	
	직접공기포집 (DAC)	-	-	-7.4	

2. 산림

2021년 1월 산림청에서 <2050 탄소중립 산림 부문 추진 전략>을 발표했다. 전략안에 따르면 6령(51년~60년까지) 이상의 산림 면적이 2020년에는 10% 정도였지만, 2030년 이후부터 급격히 증가해 70%가 넘을 것으로 예상했다. 산림의 노령화를 방치하면 이산화탄소 흡수량이 2050년에는 2021년의 1/3 수준(41.3백만 톤 → 13.9백만 톤)으로 떨어질 것으로 예상했다.

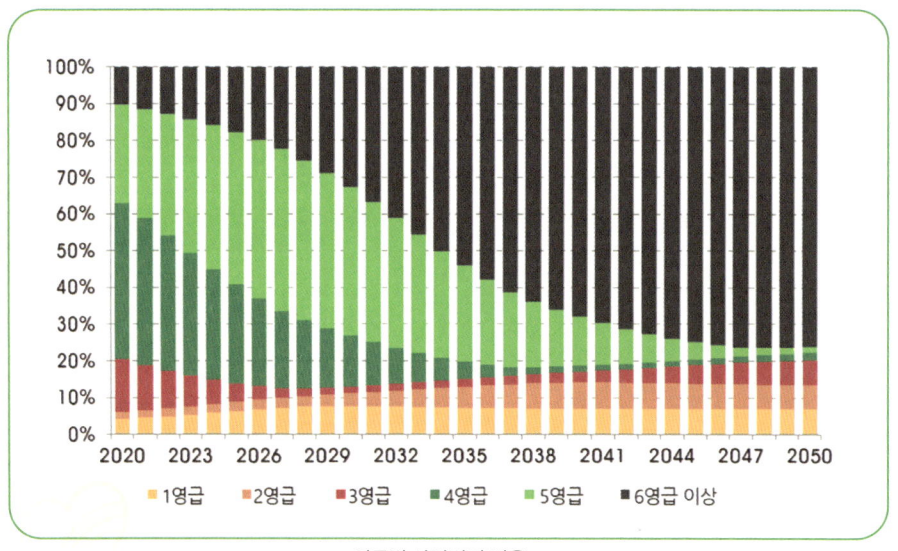

영급별 산림면적 비율

나무는 3령(21년~30년까지)일 때 탄소 흡수량이 최대치까지 올라가고 그 이후에는 흡수량이 점점 떨어진다. 1970~1980년대 국내에 많이 심은 잣나무의 경우 20살이 되었을 때, 탄소 흡수량이 1ha(헥타르)당 11.8톤으로 정점을 찍는다. 그 후 서서히 줄어들기 시작하여 70살이 되면 정점의 절반 수준까지 떨어진다.

숲 가꾸기, 우수품종 조림, 도시 숲 조성, 생태복원, 목재 이용 등으로 이산화탄소 흡수량을 더 늘릴 수 있다.

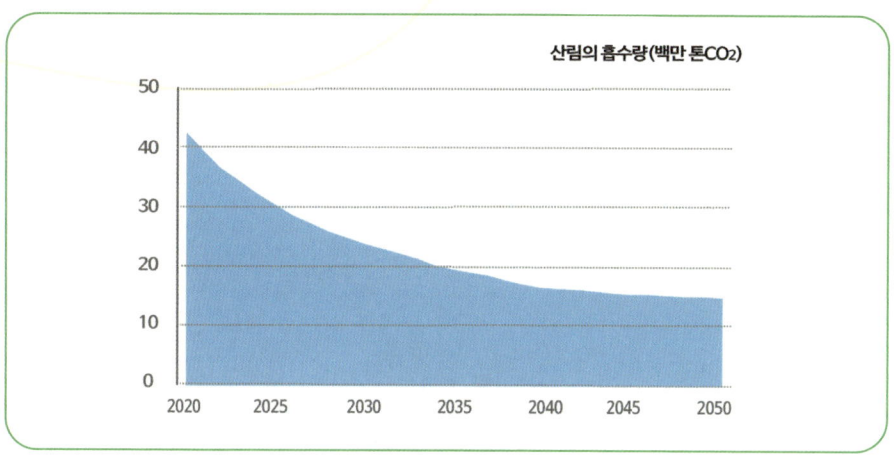

산림 면적 비율과 이산화탄소 흡수 전망

3. 해양

온실가스를 흡수하는 또 다른 흡수원에는 바다, 갯벌 같은 습지 등이 있다. 흡수원을 말할 때, 주로 산림에 관해 이야기하지만 산림보다 더 뛰어난 흡수원이 바로 바다와 갯벌 같은 습지이다. 바다는 대기로 방출되는 이산화탄소를 흡수·저장하면서 대기 중 이산화탄소 농도를 조절해준다. 산호초, 잘피 숲, 맹그로브숲 같은 해양생태계도 중요한 탄소흡수원이다. 탄소중립을 이뤄내기 위해 바다숲 조성, 연안 습지 조성, 갯벌 복원 등으로 바다를 더 풍요로운 생명의 공간으로 만들어야 한다.

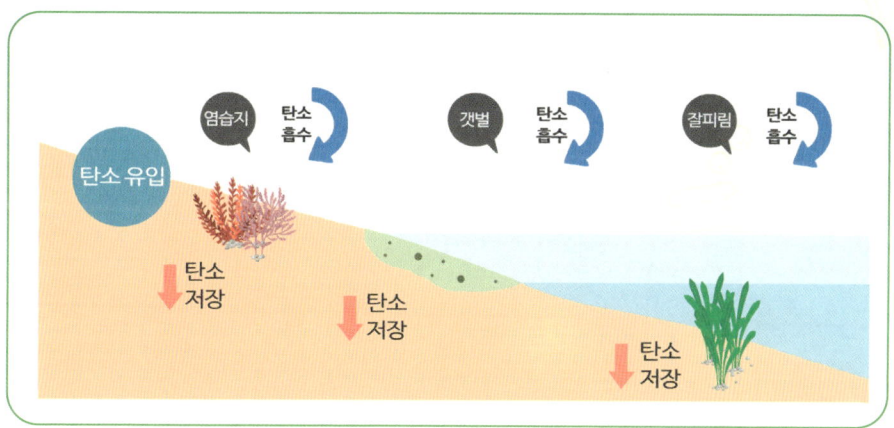

6월 5일
세계 환경의 날

2장

미래의 연금술

탄소 포집 기술 대회

가온이는 저녁을 먹고 방으로 들어와 오늘 받은 교재를 펼쳐보았다. 천천히 읽으며 몇 장을 넘겼다.

"어! 어디서 많이 봤던 사람인데."

미국의 전기차 회사 '테슬라'를 설립한 일론 머스크였다. 사진 아래에는 설명이 있었다.

"이게 사실이야?"

도무지 믿을 수 없었다. 가온이는 사진을 찍어 단체 대화방에 올렸다.

가온이가 교재에서 본 것은 〈탄소 포집 기술 대회〉의 포스터였다. 2021년 2월, 비영리단체인 엑스프라이즈 재단(엑스프라이즈 홈페이지

이거 상금이 얼만지 아니? 무려 1억 달러야.
가온

다민
그럼, 우리 돈으로 얼마인거야?
와, 대박! 이거 어디서 찾은거니?

교재에 있어.
가온

다민
방금 홈페이지 들어가서 봤는데, 모두 영어야.
무슨 소리인지 하나도 모르겠어.

교재 내용 잠깐 읽어 봤는데 이거 우리도 할 수 있을 것 같아. 내일 오후에 만나 얘기하자.
혹시 알아? 1억이라도 받을지?
가온

다민
오! 좋아. 오후 2시
우리 아파트 상가 빵집에서 볼까?

https://www.xprize.org)이 주최하고 일론 머스크와 머스크 재단이 후원하는 대회였다.

〈탄소 포집 기술 대회〉는 전 세계 모든 사람이 참가할 수 있고, 자연 기반의 포집 방법, 직접 포집, 광물화, 영구 격리 등 방법에 어떠한 제약도 없었다. 이 대회에 참가자는 하루에 최소 1톤의 탄소를 제거할 수 있는 기술을 만들어 검증받아야 우승할 수 있다. 상금은 1억 달러, 우리 돈으로 약 1,116억 원이었다.

2. 미래의 연금술

다음날, 셋은 빵집에 모였다. 연우는 볼 일이 있어 조금 늦게 온다고 문자를 남겼다. 셋은 빵 몇 개를 골라 자리에 앉았다.

"이거 우리도 할 수 있을 것 같아."

가온이가 교재에 있는 〈탄소 포집 기술 대회〉 포스터를 가리키며 얘기했다.

"정말? 상금이 1,000억도 넘는데?"

서윤이가 깜짝 놀라며 가온이를 보았다.

"여기에 자연 기반의 기술이 있잖아. 이걸로 하면 우리도 할 수 있을 것 같아."

"맞네. 자연 기반이라면……."

서윤이가 고개를 끄덕이자, 다민이의 표정도 밝아졌다. 어제 교육 시간에 자연적인 흡수원에 대해 들었기 때문이다.

가온이가 공책을 펼치고 잠시 생각을 하다가 연필을 잡았다. 공책에 '나무'라고 쓰고 한참 동안 연필을 돌리면서 둘을 번갈아 보았다.

"무슨 나무가 좋을까?"

"사과나무, 배나무, 감나무? 히히."

다민이가 실실 웃으며 자기가 좋아하는 과일나무 이름을 하나씩 말했다.

"그럼 소나무, 대나무?"

서윤이도 장난치듯 얘기했다.

연우가 빵집 안으로 들어오다가 셋의 대화를 엿들었다. 그러고는 큰 소리로 노래하듯 흥얼거리며 자리에 앉았다.

"가자 가자 가자 감나무, 오자 오자 오자 옻나무, 십 리에 절반인 오리나무, 열아홉 다음에 스무나무, 방귀 뽕뽕 뀐다 뽕나무."

연우의 노랫가락에 셋은 장단을 맞추며 뒷부분 가사까지 같이 불렀다.

"아무리 낮에 봐도 밤나무, 다섯 동강이 난 오동나무, 덜덜 떠는 사시나무, 바람 솔솔 불어 소나무, 따끔 따끔따끔 가시나무, 너하고 나하고 살구나무, 거짓말 못 해요 참나무, 쪽쪽 입 맞춘다 쪽나무, 마당을 쓸어라 싸리나무, 가다 자빠졌다 잣나무, 앵두라진 앵두나무."

목소리가 제법 컸던지, 점원이 달려왔다.

"손님, 소리 조금만 낮춰주실래요. 다른 분께 방해가 되거든요."

"죄송합니다."

가온이가 고개를 조아리며 예의 바르게 사과했다.

"너희 도대체 무슨 얘기를 하는데, 나무 이름이 나오니?"

연우가 씩 웃으며 물었다. 지금까지 했던 얘기를 다민이가 조곤조곤 설명했다.

헥타르(ha)당 연평균 이산화탄소 흡수량 (단위 : 톤CO_2/ha)											
수종	임령										
	20	25	30	35	40	45	50	55	60	65	70
강원지방 소나무	7.40	7.83	7.91	8.11	8.11	8.11	7.97	7.97	7.83	7.68	7.54
중부지방 소나무	5.83	7.68	8.54	8.68	8.54	8.11	7.54	7.11	6.69	6.26	5.83
잣나무	8.64	9.39	9.67	9.82	9.82	9.67	9.53	9.39	9.25	9.11	8.82
낙엽송	11.32	11.32	11.17	10.72	10.43	9.98	9.68	9.23	8.94	8.64	8.34
리기다소나무	8.25	8.68	8.97	9.26	9.41	9.41	9.41	9.41	9.41	9.41	9.41
편백	7.56	7.44	7.32	7.20	7.08	7.08	6.95	6.95	6.83	6.83	6.83
상수리나무	11.48	11.88	12.09	12.09	11.88	11.48	11.08	10.68	10.07	9.67	9.27
신갈나무	15.52	14.50	13.68	12.87	12.25	11.44	10.83	10.42	9.80	9.40	8.99

헥타르(ha)당 본수 (단위 : 그루/ha)											
수종	임령										
	20	25	30	35	40	45	50	55	60	65	70
강원지방 소나무	1,063	818	657	545	463	399	350	310	277	249	226
중부지방 소나무	1,648	1,497	1,283	1,082	917	786	684	606	544	496	457
잣나무	1,294	929	719	589	503	444	403	373	352	336	325
낙엽송	1,048	7,16	545	447	388	351	327	312	303	298	295
리기다소나무	2,144	1,555	1,182	930	753	622	524	447	387	338	298
편백	1,780	1,542	1,372	1,243	1,141	1,058	989	930	880	836	797
상수리나무	1,068	976	861	757	666	587	519	460	410	367	330
신갈나무	2,382	1,793	1,345	1,061	868	731	629	551	490	441	401

"그거, 이번 교재에 있는 것 같은데……. 잠깐만."

연우가 가방 속에서 교재를 꺼내 뒤쪽을 살펴보았다.

"여기 있네."

나무가 흡수하는 이산화탄소 흡수량을 정리한 도표였다.

"이 표를 보고 ha(헥타르)당 나무 수로 나누면 나무 한 그루가 이산화탄소를 얼마나 흡수하는지 알 수 있잖아."

연우가 표를 가리키며 가온이에게 말했다.

"참나무가 이산화탄소 흡수량이 많다고 들었는데, 여기에는 없네."

서윤이가 도표를 보면서 말을 툭 던지자, 연우가 미소를 지으며 고개를 돌렸다. 그러고는 참나무에 대해 설명했다. 참나무 과에는 상수리나무, 굴참나무, 신갈나무, 떡갈나무, 갈참나무, 졸참나무가 있다. 참나무 속 나무는 모두 도토리가 열리고, 상수리나무를 '참나무'라고 부른다.

"아! 상수리나무가 참나무였구나. 너는 이런 것까지 어떻게 아니?"

서윤이가 연우를 보며 엄지손을 척 들어 올렸다.

"하하. 내가 나무 박사잖아, 나무 박사!"

"잘됐다. 우리 좀 도와줘. 나무 박사님."

가온이가 초코소라빵을 포크로 찍어 연우에게 건넸다.

"알았어. 그런데 나무 심을 땅은 있어?"

연우는 히죽히죽 웃으며 초코소라빵을 입에 쏙 넣었다. 빵을 먹으면서 종이에 숫자를 적고 뭔가 복잡하게 계산했다.

1ha는 넓이로 10,000㎡이다. 1ha에 20년생 상수리나무 1,000그루 정도를 심으면, 1년 동안 11.48톤의 이산화탄소를 흡수할 수 있다. 이것을 365일로 나누면 고작 0.031톤밖에 되지 않았다. 하루에 1톤을 흡수하려면 32ha 정도의 땅에 32,000그루 정도의 상수리나무를 심어야 했다.

"이건 좀 아닌 것 같아."

연우가 계산을 끝내고 고개를 흔들었다.

"32,000그루를 어떻게 심냐! 다른 방법은 없어?"

가온이가 시무룩한 표정을 지으며 연우를 바라봤다. 연우는 다시 연필을 잡고 계산을 해보았다. 2018년 우리나라의 이산화탄소 배출량은 7억 2,700만 톤 정도였다. 이 양을 흡수하려면, 대한민국 국토의 2,300배 정도의 땅에 나무를 심어야 했다.

"얼핏 계산을 해봐도 이 방법은 현실적으로 불가능해. 자연적인 방법으로 뭔가 찾으려면 육지보다 바다가 더 나을 수 있어. 바다는 대기에 있는 이산화탄소 90%를 흡수하거든."

"진짜? 그러면 육지는 고작 10%밖에 안 돼?"

다민이도 얘기를 하면서 실망한 표정을 지었다.

"그럼 어떻게? 다른 방법은 없어?"

서윤이가 조심스럽게 물었다.

"작년에 받은 자료를 찾아볼게. 거기서 뭔가 방법을 찾을 수 있을 거야. 나중에 단체 대화방에 올릴게."

연우의 말에 셋은 아무 대답도 하지 않았다. 아무리 생각해 봐도 이 대회에 참가해서 상금을 받을 확률은 거의 불가능에 가까워 보였다.

"우리 포기하자."

서윤이가 조심스럽게 얘기했지만, 가온이와 다민이는 쉽게 포기할 생각이 없어 보였다. 〈탄소 포집 기술 대회〉 참가에 대해 다시 한번 생각했다. 모두 스마트폰을 들고 탄소를 제거할 수 있는 기술에 대해 찾아보았지만, 몇 번을 읽어도 무슨 말인지 이해조차 되지 않았다. 쉬운 내용이 하나도 없었다.

"이건 아무나 하는 게 아닌 것 같아. 나는 포기!"

"맞아! 나도."

"그래, 오르지 못할 나무는 쳐다보지 말라고 하잖아."

생각보다 간단한 이산화탄소 포집

　가온이는 창가 책상에서 문제를 풀고 있는 다민이를 보고는 고양이처럼 발을 세워 살금살금 다가갔다.
　"수업 끝나고 할 말 있어. 가지 말고 기다려."
　가온이는 상냥한 목소리로 다민이에게 속삭이며 옆에 앉았다. 다민이가 조심스럽게 주변을 살피며 고개를 끄덕였다.
　논술 수업이 끝나자, 가온이와 다민이는 학원에서 잽싸게 뛰어나왔다.
　"할 말이 뭔데?"
　"뭐라도 마시면서 얘기하자."
　가온이가 길 건너 편의점을 가리켰다. 두 사람은 편의점에서 1+1 음료를 골라 사이좋게 나눠 들고 자리에 앉았다. 자리에 앉자마자 가온이가 입을 열었다. 〈탄소 포집 기술 대회〉에 관한 얘기를 줄줄 늘어놓았다.
　"진짜?"
　다민이가 조금 놀라는 눈빛으로 가온이를 쳐다보았다.

"그래. 어제 저녁에 아빠랑 같이 찾아봤어."

〈탄소 포집 기술 대회〉가 매년 열리는 줄 알았는데, 2021년 봄에 이미 참가 신청이 끝났다. 4년 동안 기술을 계속 발전시키면서 마지막까지 올라가야 1등을 할 수 있는 어려운 대회였다.

"상금이 어마어마했는데 벌써 신청이 끝났다니 아쉽긴 아쉽네."

"그래서 말인데……."

"뭔데? 뭐 좋은 소식이 또 있어?"

다민이가 생글거리는 가온이와 눈을 마주쳤다.

"우리 포기하지 말고 계속했으면 좋겠어. 우리가 할 수 있는 방법으로 뭔가 찾다 보면, 연말에 뽑는 우수 기자라도 되지 않을까?"

"오! 좋은 생각인데."

"그러면 2022년 크리스마스는 유럽에서 보내는 거야? 하하."

둘은 마음이 통했는지 말이 끝나자마자 동시에 손을 올려 손바닥을 부딪쳤다.

서윤이는 저녁을 먹고 컴퓨터 앞에 앉았다. 밥을 많이 먹었는지, 눈이 감기고 고개가 자꾸 아래로 떨어졌다.

"잠 오는데, 웹툰이나 좀 볼까?"

혼잣말하면서 방문을 살짝 열어보았다. 엄마와 아빠가 거실에서 TV를 보고 계셨다. 방문을 조심스럽게 닫고 자리에 앉았다.

"삐꽁."

단체 대화방 알림 소리였다.

"뭐지?"

스마트폰을 집어 대화방을 보았다.

작년에 공부했던 CCUS 자료야.
짧은 동영상이니까
살펴보면 도움이 될 것 같아.

안 하기로 한 거 아니야?
이건 왜 보는 거야? 예습이야?

얘기 못 들었어?

미안 미안. 깜빡하고 서윤이한테 얘기를 못 했어. 〈탄소 포집 기술 대회〉 참가는 포기했지만, 계속 공부하기로 결정했어. 열심히 하다 보면, 연말에 뽑는 우수 기자가 될 수도 있잖아.

진짜? 너무 좋아.
지금부터 우리 모두 열공!
파이팅!

서윤이가 창문을 조금 열자 찬바람이 훅 들어와 잠이 싹 달아났다.

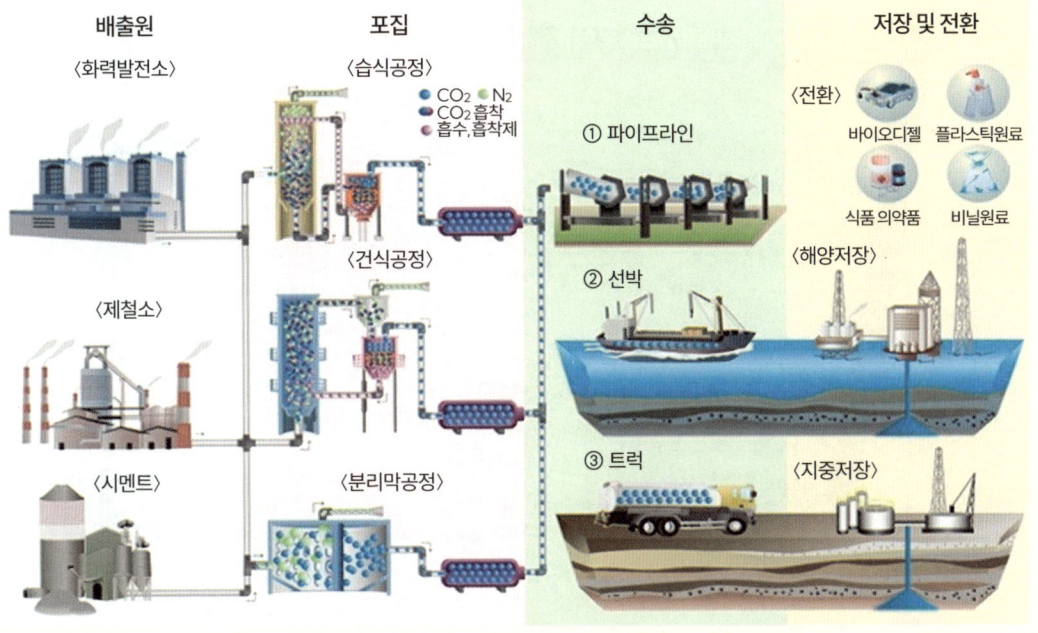

의자에 앉아 연우가 보내준 동영상을 틀었다. 화면에 박경숙 팀장이 환하게 웃으며 나타났다.

"안녕하세요. 제1기 어린이 기자단 여러분! 오늘은 CCUS에 대해 공부할 거예요. CCUS, 말만 들어도 너무 어렵게 느껴지죠? 지금부터 자세히 알려드리겠습니다."

팀장 얘기가 끝나고, 화면이 바뀌었다. 공장 굴뚝이 잠시 나오다가 CCUS에 대한 설명으로 넘어갔다. 서윤이는 동영상을 보면서 중요한

CCS, CCU, CCUS의 개념

CCS (Carbon Capture and Storage) 탄소 포집·저장
이산화탄소를 모아 저장하는 기술

CCU (Carbon Capture and Utilization) 탄소 포집·활용
이산화탄소를 모아 활용하는 기술

CCUS(CCS + CCU)
이산화탄소를 모아 저장하는 기술과 활용이 합쳐진 기술
이산화탄소가 발생하는 배출원으로부터 포집한 후, 유용한 물질로 바꾸거나 압축·수송 과정을 거쳐 깊은 땅속에 안전하게 저장한다.

것을 공책에 적었다.

"오! CCUS가 이런 거였어? 간단한데."

CCUS 개념 설명이 끝나자, 화면 아래 한쪽에 팀장 얼굴이 조그맣게 나타났다.

"이제부터 이산화탄소 모으는 방법(포집)을 알려드릴게요. 이산화탄소는 눈에 보이지 않는 기체입니다. 화석연료를 태울 때 나오는 이산화탄소를 어떻게 잡을 수 있을까요?"

"맞아, 이산화탄소를 어떻게 잡아? 방법이 중요하겠군!"

서윤이는 화면에 집중하면서 다시 연필을 잡았다. 팀장은 이산화탄소를 잡는 방법에 대해 천천히 설명했다.

이산화탄소 포집 기술은 액체가 기체를 흡수하는 원리를 이용했다. 물속에 이산화탄소를 넣으면 탄산수로 변한다. 하지만 자연 상태에서 물은 이산화탄소를 아주 조금밖에 흡수하지 못한다. 이산화탄소 흡수량을 늘리기 위해서는 온도를 낮추고 기압을 올려야 한다. 이산화탄소는 차가운 액체에 더 잘 녹기 때문이다.

"맞네. 시원한 탄산음료가 톡 쏘는 맛이 더 강하잖아."

서윤이는 혼잣말하면서 고개를 끄덕였다.

공장에서 배출하는 뜨거운 배기가스 속의 이산화탄소는 물에 잘 녹지 않는다. 이런 환경에는 특별하게 개발된 흡수제(아민)를 사용하여 배기가스 속에 있는 이산화탄소를 잡아야 한다. 질소화합물인 아민은 옅은 농도의 대기에서도 이산화탄소를 매우 잘 잡는다.

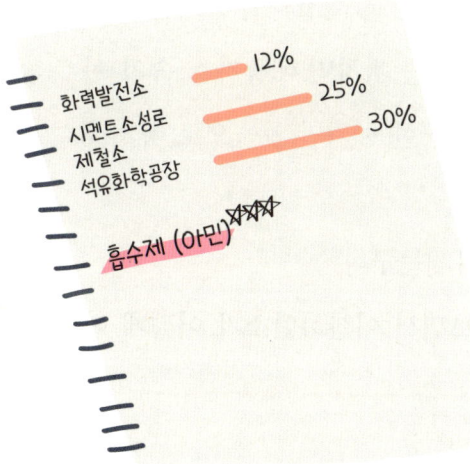

"이런 장치는 이산화탄소 발생 농도가 높은 업종이 좋겠네.

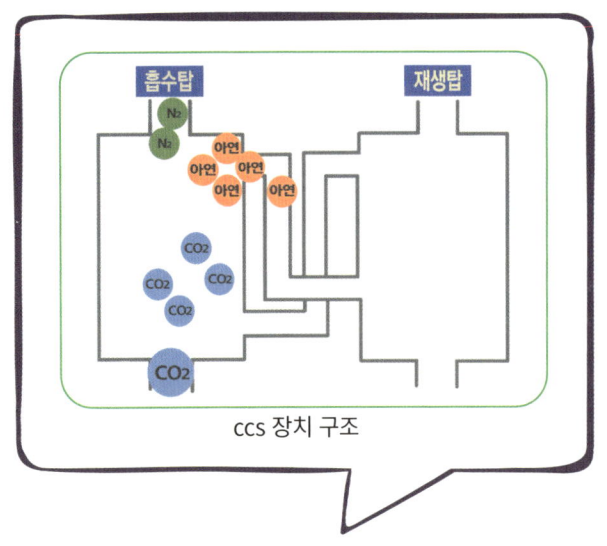
CCS 장치 구조

발전소, 제철소, 시멘트 공장, 석유화학 공장이 딱 맞네."
서윤이는 CCU에 적합한 업종을 적고 형광펜으로 줄을 그었다. 흡수제(아민)에는 별표 3개를 그렸다.

이산화탄소 포집 원리에 대한 설명이 끝나고 CCS 장치의 구조로 넘어갔다. CCS 장치는 흡수탑과 재생탑으로 나뉘어 있다. 흡수탑 아래에서 배출가스(이산화탄소와 질소)가 올라오고 위에서는 흡수제가 내려온다. 이산화탄소와 흡수제가 만나면, 흡수제가 이산화탄소를 붙잡아 밑으로 떨어지면서 재생탑으로 이동한다. 남은 질소와 수증기는 위로 올라가서 대기 중에 배출된다. CCS 공정을 거치면 배출가스 속의 이산화탄소가 대부분 사라지기 때문에 깨끗한 공기만 굴뚝으로 빠져나간다.

"이렇게 해서 이산화탄소가 모두 사라지는구나."

서윤이는 흡수탑과 재생탑 그림을 보면서 이산화탄소가 어떻게 이동하는지 유심히 살펴보았다.

마지막 분리공정이었다. 흡수제가 이산화탄소를 잡아 재생탑 안으로 들어간다. 여기에서 130℃ 이상의 고온으로 가열하면 흡수제와 이산화탄소가 분리된다. 분리된 이산화탄소는 아래로 내려가 저장 공간에 갇히고, 흡수제는 위로 올라가 흡수탑으로 다시 보낸다. 저장 공간에는 순도 높은 이산화탄소만 남는다.

"아! 이런 방법으로 이산화탄소를 쉽게 분리하네."

서윤이는 동영상을 보고 어려운 내용은 공책에 정리했다. 처음에는 이해가 잘되지 않았지만, 몇 번을 읽고 나니 이제 뭐가 뭔지 조금 알 것 같았다.

이산화탄소를 잡는 기술

짧은 봄방학이 훅 지나가고 새 학기가 찾아왔다. 가온이와 서윤이가 같은 반이 되었고, 다민이와 연우는 다른 반이 되었다. 점심을 먹고, 가온이와 서윤이가 5학년 2반 교실을 찾아갔다.

"다민아."

가온이가 교실 뒷문으로 머리만 쏙 내밀어 다민이에게 손을 흔들었다. 다민이와 장난치던 연우가 서윤이를 보고 다민이와 함께 나왔다. 넷은 1층 휴게실에 몰려가 수다를 떨었다.

"어제 동영상 봤어?"

연우가 씩 웃으며 셋을 번갈아 보았다.

"봤지. 그런데 동영상 보면서 조금 궁금한 게 있었어."

가온이가 말하고 나서 생각을 정리하는지 입술을 잘근잘근 깨물었다. 그러고는 질문을 던졌다. 동영상 내용만 보면 CCS 기술은 너무 완벽했다. 모든 공장에 CCS 장치를 설치하면 지구온난화 걱정을 할 필요가 없을 정도였다. 그런데 왜 모두가 지구온난화를 걱정하는지 아무리 생각해도 알 수 없었다.

"맞아. 나도 그런 생각이 들었어."

다민이도 고개를 끄덕이며 맞장구쳤다. 연우가 자세를 고쳐앉으며 입을 열었다. 가온이의 예상과 달리 연우의 대답은 너무 간단했다.

CCS 설비를 하려면 많은 돈이 필요했다. CCS 장치를 설치하는 비용과 발전소를 건설하는 비용이 거의 비슷했다.

"그렇게 비싸? 발전소 하나 짓는 비용이 얼마나 되지?"

서윤이는 믿을 수 없다는 듯 혀를 내둘렀다. 연우는 작년에 화력발전소를 다녀왔다. 발전시설을 둘러보며 설명을 듣고 CCS 장치를 직접 보면서 다양한 정보를 알게 되었다.

"LNG 발전소 하나 짓는 데 5,000억 정도 들어간다고 들었어. CCS 설비까지 설치하려면 돈이 2배로 들어가. 그리고 또 중요한 게 또 있지."

연우가 또랑또랑한 목소리로 설명하다가 마지막에 검지를 세우며 말을 멈췄다. 잠시 정적이 흐르고, 셋은 연우의 얼굴을 뚫어져라 쳐다보았다.

"그게 뭔데?"

서윤이는 궁금한지 연우 옷자락을 잡고 흔들었다.

탄소배출권 거래

온실가스 배출 권리를 사고파는 제도이다. 대표적인 온실가스에는 이산화탄소(CO_2), 메탄(CH_4), 아산화질소(N_2O), 수소불화탄소(HFCs), 과불화탄소(PFCs), 육불화황(SF_6)이 있다.

1997년, 세계 각국이 일본 교토에 모여 지구온난화에 대한 대책을 의논했고, 이산화탄소 배출량을 1990년 대비 평균 5% 정도 감축하기 위해 국가마다 감축률 목표를 정하고 지키기로 약속했다. 이것을 구체적으로 지키기 위해서 몇 가지 이행 방안이 제시되었다. 탄소배출권 거래도 이 중 하나이다. 국가 온실가스 감축 목표를 지키지 못하는 국가는 외부에서 탄소배출권을 구매해서 감축량을 맞춰야 한다.

유럽연합은 2005년부터 탄소배출권 거래소를 운영하고 있으며, 우리나라는 2015년부터 시행했다. 정부는 온실가스를 대량으로 배출하는 기업부터 탄소배출권을 할당했다. 해당 기업은 할당된 범위 내에서 배출행위를 할 수 있다. 감축 여분 또는 부족한 배출권은 배출권 거래 시장을 통해 사고, 팔 수 있다.

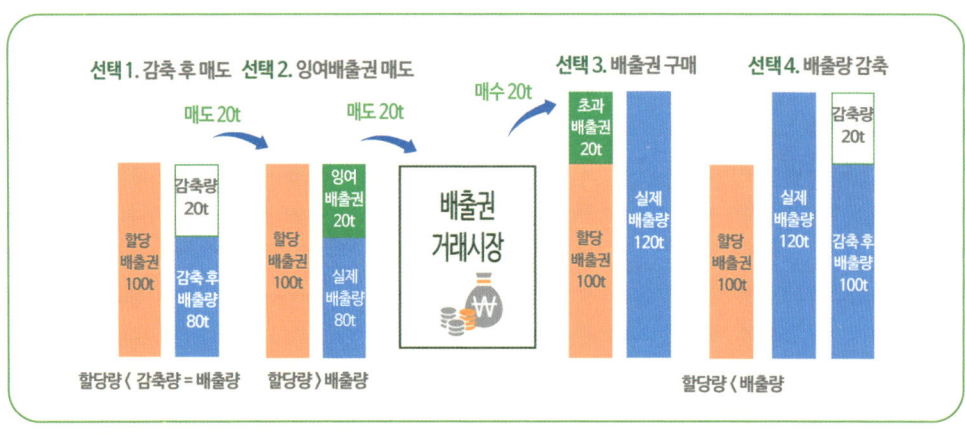

"그건 바로 탄소배출권 가격이야."

"탄소배출권 가격? 그게 뭔데? 눈에 안 보이는 이산화탄소를 어떻게 사고팔아?"

다민이가 혼잣말을 하면서 고개를 갸웃거렸다.

"완전 봉이 김선달이잖아. 눈에 안 보이는 이산화탄소를 팔고 사다니. 믿을 수 없어."

가온이가 눈웃음을 치면서 연우를 쳐다보았다.

"와! CCS 장치를 설치해 이산화탄소를 포집하는 회사는 좋겠다. 저장한 이산화탄소를 팔아서 돈 벌고, 감축한 탄소배출권을 팔아 또 돈을 벌고. 게다가 지구환경까지 지킬 수 있으니 일석삼조네. 안 그래?"

다민이가 흐뭇하게 웃으며 연우에게 고개를 돌렸다. 그런데 연우의 대답은 정반대였다.

CCS 장비 설치에도 돈이 많이 들지만, 이산화탄소를 잡기 위해 들어가는 비용도 만만치 않았다.

"얼마나 드는데?"

서윤이 눈을 껌뻑이며 물었다.

"2021년 기준으로 이산화탄소 1톤을 포집하는데 약 12~15만 원 정도 들어가지만, 탄소배출권은 훨씬 싼 가격에 거래를 하다 보니 기업은 CCS 설비를 돌릴 때마다 엄청난 손해를 보게 돼. 게다가 저장한 이산화탄소를 팔 곳도 없어. 시장 규모가 너무 작거든."

연우가 차분하게 얘기를 끝냈다.

"진짜?"

가온이가 깜짝 놀라며 자세를 고쳐잡았다.

"아, 그래서 엄청난 상금을 걸고 〈탄소 포집 기술 대회〉를 여는 거구나. 어떻게든 비용을 줄여야 더 많은 기업이 CCS 장치를 설치하고 사용할 테니까."

서윤이가 말을 툭 던지며 고개를 끄덕였다.

얘기하다 보니, 점심시간이 훌쩍 지나갔다. 교실로 돌아가면서 연우가 저녁에 다른 동영상 하나를 또 올리겠다고 얘기했다. 이번에는 공기 중에서 직접 이산화탄소를 포집하는 방법이었다.

"그게 가능해?"

서윤이가 연우 뒤를 졸졸 따라가면서 물었다.

"일단 한번 봐. 동영상 보고 내일 점심때 얘기하는 거 어때? 이렇게 하니까 공부가 되는 것 같아."

"좋아. 나는 찬성."

가온이가 맨 뒤에서 경쾌한 목소리로 크게 외쳤다.

아무도 반대하지 않았다.

해 질 무렵, 단체 대화방에 동영상 하나가 또 올라왔다. 셋은 재빨리 동영상을 열어보았다.

공기 중에서 이산화탄소를 직접 포집하는 장치
- DAC(Direct Air Capture)

2021년 9월, 공기 중에서 이산화탄소를 걸러내 제거하는 세계 최대 규모의 DAC(직접 공기 포집기) 시설인 오르카(Orka)의 운전을 시작했다. DAC 기술은 배출원이 아닌 공기 중에서 직접 이산화탄소를 포집할 수 있는 시설로 연간 4,000톤의 이산화탄소를 지하에 영구 저장할 수 있는 설비이다. 이 양은 16만 그루의 나무가 1년 동안 흡수하는 이산화탄소의 양과 맞먹는다.
특히, 오르카는 지열 발전소 근처에 있어 이산화탄소를 배출하지 않는 청정 전기와 열을 에너지원으로 사용한다.

DAC 오르카

DAC의 작동 원리는 단순하다. 대기 중의 공기를 커다란 선풍기로 빨아들인 다음 화학물질에 걸러 이산화탄소만 뽑아낸다. 분리 농축된 이산화탄소는 물과 함께 탄산수 형태로 800~2,000m 지하 현무암질 지층에 주입하면, 몇 년 뒤 탄산염 암석으로 변해 영구 격리된다. 전 세계에 연간 100만 톤의 이산화탄소를 포집할 수 있는 DAC 설비 4만 개를 설치하면, 지구 전체에서 배출하는 이산화탄소를 전부 제거할 수 있다.

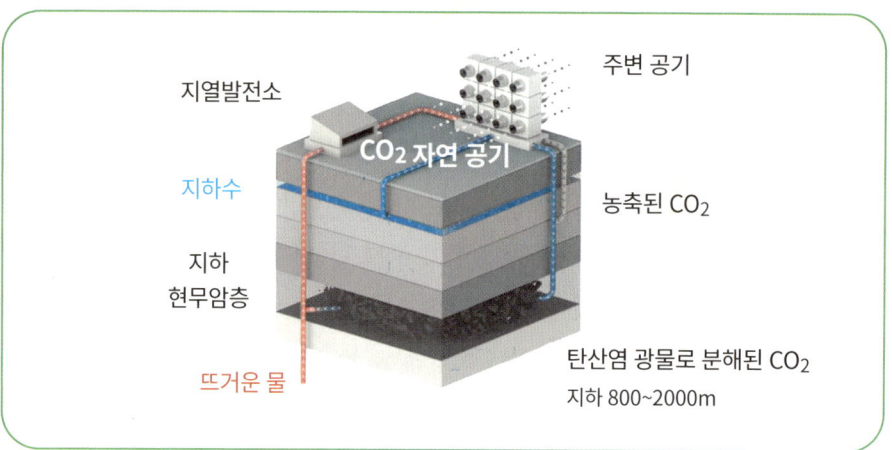

DAC 원리

하지만, 현재 기술력과 화석연료 기반의 전력 상황으로는 DAC 설비를 효율적으로 사용할 수 없다. 대기 중 이산화탄소의 비중은 0.04%밖에 되지 않고, 미량의 이산화탄소를 DAC 시설로 포집하기 위해서는 엄청난 양의 전기가 필요하다. 현재 전 세계 전력 발전 비중의 51%가 화력발전소이다.

이산화탄소를 포집하기 위해 엄청난 이산화탄소를 배출할 수밖에 없는 현실이기 때문에 DAC 설비를 운영하려면 신재생에너지 발전 기반을 먼저 갖춰야 한다. 또한, 과다한 운영 비용도 DAC 설비 사용을 막는 걸림돌이다. 2021년 기준으로 1톤의 이산화탄소를 처리할 때 100달러 정도의 비용이 들어간다.

땅 속에 갇힌 이산화탄소

"오르카가 뭔 줄 알아?"

"나도 찾아봤어. '범고래'라는 뜻이잖아."

아이들은 점심시간에 모여 어제 본 동영상에 관해 얘기했다. 모두 CCUS가 중요하다고 생각했지만, 초등학생이 다루기에 이 분야가 너무 어렵다고 불만을 쏟아냈다.

"그럼, 어떡하지? 이것도 또 포기해야 하나?"

서윤이의 표정이 어두웠다. 다민이가 서윤이의 손을 잡으며 고개를 돌렸다.

"시작한 지 얼마나 됐다고. 벌써 포기하지 말자. 다른 걸 찾으면 되지. CCUS는 과학자 몫으로 남겨두고, 우리는 우리가 할 수 있는 것을 찾아보자."

다민이의 목소리가 우렁찼다. 모두 다민이의 뜻에 동의했다.

토론은 점심시간마다 계속되었다. 인터넷도 검색하고, 교재도 보면서 새로운 것을 찾았다.

넷은 토요일 기자단 교육에 참석했다. 박경숙 팀장이 짧게 인사하고는 화면에 그림을 띄웠다.

"오늘은 CCUS에 대해 알아볼 거예요."

팀장이 화면을 보면서 CCUS에 대해 설명했다. 낯선 용어가 어려운지 모두 얼굴을 찌푸리며 고개를 흔들었다. 하지만 넷은 미리 공부했던 내용이라 설명이 귀에 쏙쏙 들어왔다. 팀장은 제대로 이해했는지 확인하기 위해 질문을 툭 던졌다. 팀장의 예상처럼 질문에 대한 답이 바로바로 나오지 않았다.

"누가 CCUS에 대해 간단하게 설명해보겠니?"

서윤이가 자신 있게 손을 들었다. 그러고는 영어 약자의 뜻을 먼저 설명하고, CCS, CCU, CCUS에 대해 차례로 얘기했다.

CCS는 이산화탄소를 모아서 저장하는 기술
CCU는 이산화탄소를 활용하는 기술
CCUS는 이산화탄소를 포집한 후, 자원으로 이용하거나 땅속에 저장하는 기술입니다.

서윤이가 자리에 앉자, 환호성이 쏟아지며 이쪽저쪽에서 한마디씩 터져 나왔다.

"와! 설명 간결하고 좋은데."

"영어 발음 너무 좋아!"

서윤이는 주변 칭찬에 기분이 좋았다. 동영상을 보면서 공책에 정리한 게 도움 되었다는 생각이 들었다. 팀장의 설명은 연우가 보내준 동영상 내용과 거의 비슷했기 때문이다.

다음 설명으로 넘어갔다. 이번에는 공장 굴뚝에서 포집한 이산화탄소를 옮기는 방법이었다.

"액체가 아닌 기체는 어떻게 옮길 수 있을까요?"

팀장이 질문을 던지면서 아이들을 바라보았다. 여기저기에서 대답이 쏟아져 나왔다.

"도시가스처럼 배관으로 옮기면 돼요."

"LPG처럼 가스통에 넣어 오토바이로 옮기면 안 될까요?"

"야, 그건 호랑이 담배피던 시절 얘기고, 요즘은 트럭으로 옮기잖아."

장난기 어린 대답에 웃음이 터져 나왔다.

"맞아요. 탱크로리 트럭에 실어 옮기거나 배관으로 수송할 수 있어요. 그런데 기체는 부피가 크잖아요. 부피가 크면 옮기는데 효율이 떨어지고, 비용도 많이 들어요. 그래서 기체인 이산화탄소를 저온 고압

심층 지하 지층에서의 CO_2 저장

이산화탄소 지층 저장 선택지
1. 고갈된 석유나 가스 저류암
2. 석유 회수에 이산화탄소를 이용
3. 심부의 대염수층
4. 심부의 개발되지 않은 석탄층
5. 석탄층 메탄 회수에 이산화탄소의 이용
6. 기타 다른 저장 선택지(현무암, 오일 셰일 등)

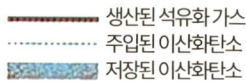
생산된 석유화 가스
주입된 이산화탄소
저장된 이산화탄소

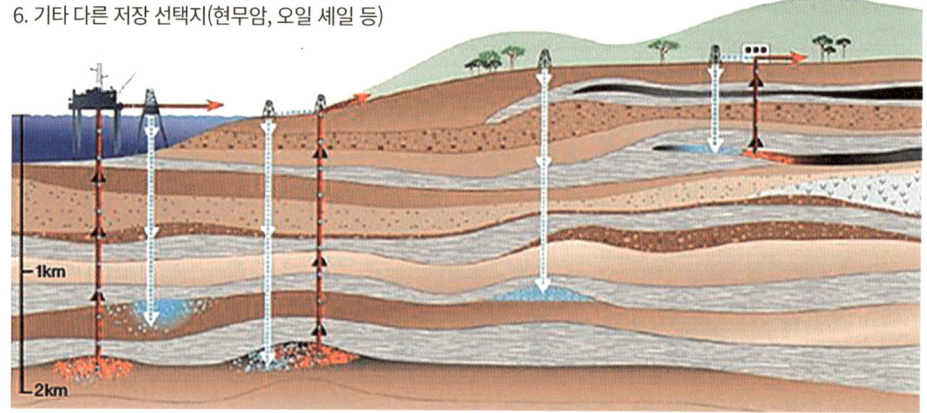

상태로 만들어 액체 상태로 저장해서 옮깁니다."

팀장이 얘기하면서 화면에 다른 그림을 띄웠다. 트럭과 배관으로 이산화탄소를 옮기는 장면이었다.

20톤 이하의 액화 이산화탄소를 옮길 때는 탱크로리 트럭을 이용하고, 양이 많을 때는 배관을 사용한다. 배관 설치는 비용이 많이 든다는 단점이 있지만, 수송할 때 많은 양의 이산화탄소를 경제적이고 안전하게 옮기는 방법이었다.

"이렇게 운반이 끝나면 이산화탄소를 깊은 땅속에 저장합니다. 주로 폐유전이나 폐가스전 또는 지하 1,000m 아래 있는 대염수층에 저장합니다."

팀장은 폐유전과 폐가스전의 장점을 특히 강조했다. 석유와 가스를 빼낸 공간에 이산화탄소를 채우면 빈 곳의 압력이 올라가 석유를 더 원활하게 뽑아낼 수 있기 때문이다. 게다가 빈 곳의 압력이 유지되어 지층이 무너지지 않는 장점도 있었다.

"이런 곳 외에도 물이 흐르는 지하 깊은 곳인 대염수층에 저장하기도 합니다. 대염수층에 액화 이산화탄소를 주입하면, 이산화탄소는 암석 입자 사이 틈에 갇히고, 남은 이산화탄소는 주변의 염수(소금물)에 녹아요. 시간이 흐르면서 이산화탄소는 탄산염 광물로 변합니다."

설명이 꽤 길었지만, 아이들은 눈을 반짝이며 집중해서 들었다.

앞에 앉은 남자아이가 손을 들고 질문했다.

"탄산염 광물로 변하면 이산화탄소가 영영 빠져나오지 못하는 거예요?"

"네, 맞아요. 일부러 캐지 않는 한 깊은 땅속에 영영 갇혀 있게 됩니다. 질문 또 없나요?"

서윤이가 주변을 살피면서 손을 힘차게 들었다. 서윤이는 포집한 이산화탄소를 또 어디에 저장하는지 구체적으로 알려달라고 물었다. 연우가 스마트폰을 들어 서윤이의 모습을 촬영했다.

"예리한 질문이네요. 이산화탄소를 잡는 것도 중요하지만, 저장하는 것도 무척 중요합니다."

팀장은 미소를 지으며 컴퓨터 앞으로 걸어갔다. 스크린에 새로운 자료를 띄웠다. 그리고는 이산화탄소의 저장소에 대해 설명했다.

이산화탄소 저장소

대한민국의 탄소중립 시나리오를 살펴보면, 2050년 이산화탄소 포집 및 저장·활용 부문의 목표량을 알 수 있다. 무려 5,510만 톤~8,460만 톤을 포집 및 저장·활용하겠다는 계획이다. 세부 계획을 살펴보면, 2030년까지 연간 1,040만 톤의 CO_2를 포집해 이 중 640만 톤은 산업 부문에 활용하고, 400만 톤은 저장을 통해 처리하겠다는 목표를 세웠다. 지금 우리의 과학 기술로 포집은 큰 문제가 되지 않을 것 같다. 하지만 저장에서 조금 차질을 빚을 수 있다. 아직은 우리나라 주변에 이산화탄소를 저장할 장소가 많지 않기 때문이다.

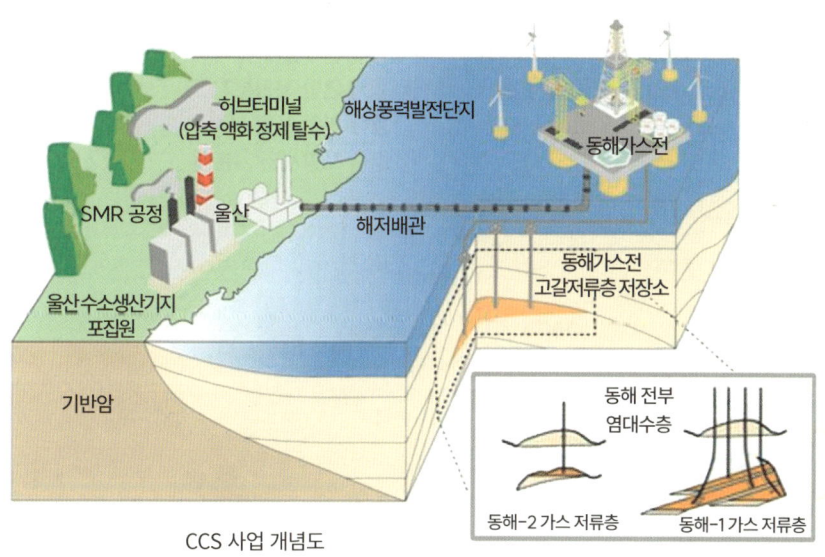

CCS 사업 개념도

2022년 6월, 동해가스전이 생산을 종료한다. 2025년부터 30년간 연 40만 톤씩 총 1,200만 톤의 이산화탄소를 동해가스전 지층에 저장할 계획이다.

동해가스전은 육상에서 60km 떨어진 먼바다에 있고 누출 경로가 없다는 안정성을 이미 확인했다. 동해가스전 지층에 저장할 40만 톤을 제외하고, 연간 360만 톤의 CO_2를 저장할 공간을 더 찾아야 한다. 지금 한반도 주변의 가능성 있는 곳을 탐색 중이다.

동해가스전 생산시설

① 동해 서남부 대륙붕	약 19억 톤	① 남해 대륙붕 비석유분지	약 40억 톤
② 동해 서남부 대륙붕	약 3억 톤	② 남해 대륙붕 비석유분지	약 2억 톤
① 황해 대륙붕 군산 분지	약 100억 톤	① 동해 심부 울릉분지	최소 2억 톤
② 황해 대륙붕 군산 분지	약 4억 톤	① 동해 연안 북평분지	약 1.4억 톤
① 남해 대륙붕 소분지	약 200억 톤	① 동해 연안 포항 분지	최소 27만 톤
		① 경북 포항시 장기분지	약 2,500만 톤

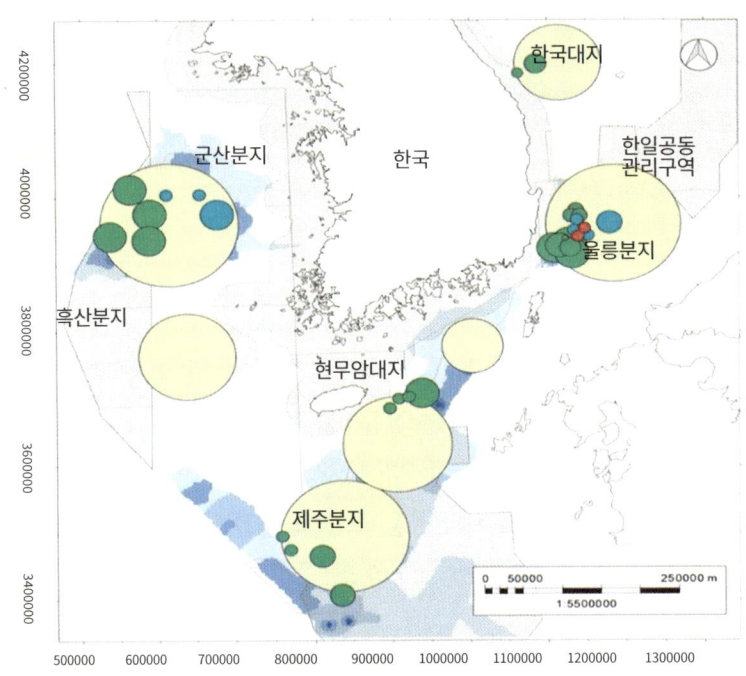

탄소저장소 조사·예정 지역

이산화탄소의 활용은 미래의 연금술

쉬는 시간, 간식이 나왔다. 모두 줄을 서서 네모난 종이 상자 하나씩 받아왔다. 연우가 상자를 책상 위에 올려놓고 일어났다.

"오늘은 뭘까?"

생글생글 웃으며 스마트폰을 들었다. 그리고는 서윤이를 보았다.

"서윤아. 상자를 천천히 열어볼래?"

연우 말에 서윤이가 고개를 끄덕이며 카메라 앞을 보았다.

"안녕하세요. 쉬는 시간에 간식이 나왔어요. 지금 보시는 것처럼 간식은 상자 속에 숨어있습니다. 뭐가 들이 있을까요? 여러분도 궁금하시죠? 지금 바로 열어보겠습니다."

서윤이는 자연스럽게 얘기를 끝내고 상자를 천천히 열었다. 설명서가 있었다.

"오! 어떤 간식이길래 설명서가 들어있을까요? 제가 읽어보고 바로 알려드릴게요."

동물성 재료를 사용하지 않고 햄버거, 샐러드, 감자튀김을 모두 식물성 재료로 만든 비건 햄버거 세트에 대한 설명이었다. 상자 한쪽에

는 스테인리스 컵이 있었다. 서윤이는 설명서를 읽으면서 상자 안에 있는 음식을 하나씩 보여주었다.

"이렇게 먹음직스러운 음식을 모두 식물성 재료로 만들었다니 정말 놀랍습니다. 제가 먼저 먹어 보고 맛을 알려드릴게요. 우리 농산물로 만든 햄버거, 과연 어떤 맛일지 너무 궁금하네요."

서윤이가 얘기를 끝내고 자리에 앉았다.

"잘했어."

연우가 촬영을 끝내고는 엄지손가락을 번쩍 들어 올렸다. 가온이와 다민이도 손뼉을 치며 좋아했다.

가온이가 상자를 열었다.

"콜라랑 빨대는 어디 있어?"

가온이가 연우를 보면서 컵을 꺼내 흔들었다.

"여긴 콜라도 빨대도 없어. 목마르면 컵 가지고 정수기에서 물 떠다 먹으면 돼."

간식뿐만 아니라 모든 물품에 지구환경을 생각하는 노력이 깃들어 있었다. 제품을 만들고 이동할 때 발생하는 이산화탄소 배출량까지 생각해서 모두 우리 농산물을 사용했고, 포장 용기는 재활용과 재사용이 가능했다.

"간식 하나에도 지구를 생각하는 마음이 담겨있네."

"맞아. 말로만 탄소중립을 외치는 게 아니라, 행동으로 실천하는 것 같아서 기분이 너무 좋아."

"와! 신기하다. 햄버거 패티가 진짜 고기처럼 느껴져."

넷은 느낀 점을 서로 얘기하면서 간식을 맛있게 먹었다.

팀장이 마이크를 들고 앞으로 나왔다.

"간식 맛있게 드셨나요?"

"네."

모두 우렁차게 대답했다.

"수업 끝나고 나갈 때, 봉투를 하나씩 나눠줄 거예요. 5월에 진행할 미디어 현장 체험 캠프 참가 신청서입니다. 참가자는 부모님 동의를 받아야 하니까, 잊지 말고 꼭 받아 가세요."

"현장 체험 어디로 가는데요?"

"바다로 가면 안 돼요?"

여기저기에서 장난기 어린 얘기가 툭툭 튀어나왔다.

"이번 현장 체험은 서해안으로 갈 거예요. 자세한 내용은 봉투에 들어 있으니까 집에 가서 천천히 살펴보세요. 이제 다시 시작해볼까요."

팀장이 얘기하며 화면에 자료를 띄웠다. 화장품, 윤활유, 플라스틱 사진과 함께 '이산화탄소의 활용'이라는 글씨가 나왔다.

"지금까지 이산화탄소를 포집하고 저장하는 방법(CCS)에 대해 알아봤어요. 지금부터는 이산화탄소를 사용해서 다양한 재료를 만드는 활용 방법인 CCU에 대해 알아볼 거예요. 우리 주변에서 이산화탄소가 들어간 제품은 뭐가 있을까요?"

"화장품인가? 플라스틱인가?"

아이들은 화면에 있는 사진을 보고 작은 목소리로 중얼거렸다. 가온이가 씩 웃으며 고개를 들었다. 조금 전에 찾았던 콜라에 이산화탄소가 들어있기 때문이었다.

"탄산음료요."

가온이가 자신 있게 얘기했다.

"맞아요. 우리가 즐겨 먹는 탄산음료에 이산화탄소가 들어 있습니다. 그뿐만 아니라 이산화탄소를 원료로 화장품, 윤활유, 플라스틱 등 다양한 제품을 만들 수 있습니다. 이 내용은 교재에 있으니 같이 살펴볼게요. 72페이지를 펼쳐보세요."

팀장 얘기에 아이들이 잽싸게 교재를 넘겼다. 아이들은 팀장의 설명을 들으며 깜짝 놀랐다. 이산화탄소로 만들 수 있는 제품이 너무 많았기 때문이었다.

"팀장님, 믿을 수 없어요. 이거 진짜예요?"

"마술 같아요."

모두 혀를 내두르며 한마디씩 내던졌다.

"그래서, CCU를 미래의 연금술이라고 합니다. 정말 중요한 기술이니 모두 관심을 가지고 꼭 기억해주기 바라요."

팀장은 화면을 보면서 이산화탄소로 만들 수 있는 다양한 제품을 하나하나 설명했다. 썩는 플라스틱, 연료 전지, 아스피린, 자동차 범퍼, 바이오 연료, 시멘트, 건축자재까지 다양한 제품을 만들 수 있었다.

이산화탄소 활용 방법 3가지

이산화탄소의 활용은 크게 화학적 전환, 생물학적 전환, 광물 탄산화 방법이 있다.

1. 화학적 전환

이산화탄소를 화학제품의 원료로 만드는 기술이다. 2차 전지·연료전지 전해질 물질, 폴리우레탄의 원재료, LCD 제조 공정의 세척제, 엔지니어링 플라스틱인 폴리카보네이트의 원료 등을 만들 수 있다.

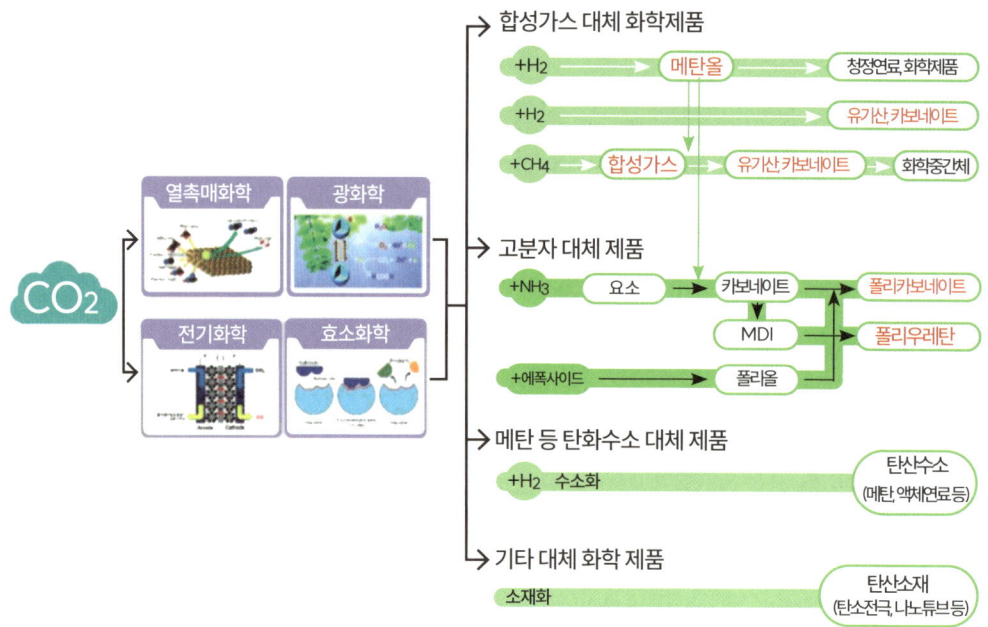

유기산	글리세롤과 이산화탄소를 활용해 젖산, 포름산 같은 유기산을 만들 수 있다. 젖산은 썩는 플라스틱의 원료로 쓰인다. 포름산은 연료 전지의 수소 저장 물질, 가축 사료의 보존제와 항균제로 이용한다.
알파올레핀	이산화탄소와 철강·석유화학 공정 시 발생하는 가스를 이용해 알파올레핀을 만들 수 있다. 공정 시 온실가스를 배출하지 않는 알파올레핀은 강도 높은 플라스틱, 최고급 윤활유의 원료로 이용한다.
나프타	300°C의 낮은 온도에서 이산화탄소를 물, 수소와 반응시켜 나프타로 전환할 수 있다. 나프타는 석유화학의 기초원료로 활용도가 매우 높다. 옷, 신발, 세제, 화장품, 아스피린, 장난감, 자동차 범퍼, LED 필름 등 다양한 제품을 만들 수 있다.
메탄올	발전소, 제철소 등에서 발생하는 이산화탄소를 합성가스로 만들지 않고 직접 수소와 반응시켜 메탄올을 만들 수 있다. 메탄올은 연료 전지 제조, 자동차 바이오디젤 원료, 폐수처리 공정에 사용한다.
이퓨얼	석유, 석탄 같은 화석연료는 광합성으로 만들어진 탄화수소(H+C) 혼합물이다. 휘발유 주성분은 메탄(CH_4)과 에탄(CH_3)이고, 액화석유가스(LPG)는 프로판(C_3H_8)에 부탄(C_4H_{10})이 섞인 혼합물이다. CO_2를 수소(H)와 화학적 반응으로 결합해 휘발유, 경유 등 기존 화석연료와 비슷한 이퓨얼을 만들 수 있다.

2. 생물학적 전환

이산화탄소를 생물학적으로 고정하여 연료 및 소재 등으로 전환하는 기술이다. 각종 바이오 연료, 지방산, 동물사료, 색소, 의약 물질 등을 만들 수 있다.

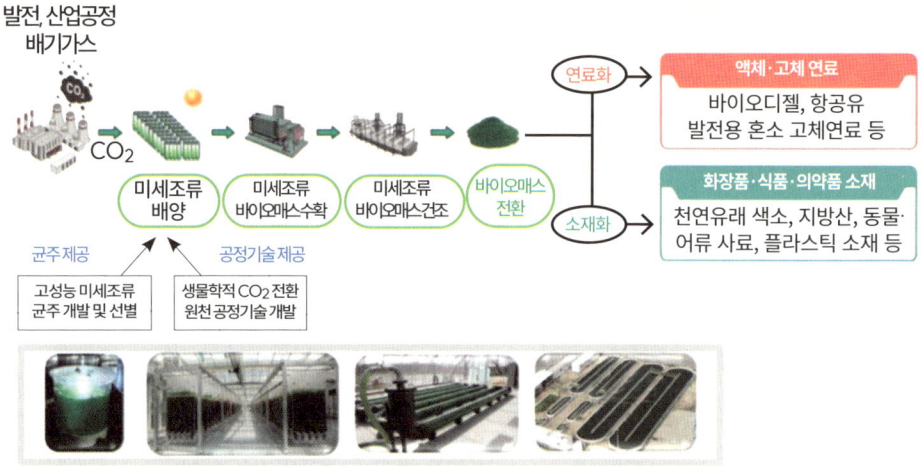

바이오 연료	미세조류는 배양조건에 따라 생체 내에 많은 양의 기름 성분(최대 70%)을 포함하며, 1만㎡당 연간 최대 9만 8,500ℓ의 바이오 연료를 생산할 수 있다. 생산 공정에 따라 휘발유와 성능이 거의 비슷한 바이오 연료를 만들 수 있다.

3. 광물 탄산화

탄소를 탄산염 형태로 전환하는 기술이다. 시멘트 원료, 고순도의 탄산칼슘, 중탄산나트륨 등 무기화합물 등을 만들 수 있다.

탄산염 광물	이산화탄소를 칼슘과 마그네슘으로 반응시켜 탄산염 광물을 만들 수 있다. 탄산염 광물은 화학적으로 매우 안전하므로 이산화탄소를 방출할 가능성이 매우 낮다. 탄산염으로 시멘트, 건축 자재, 탄산칼슘 등을 만들 수 있다.

12월 5일
세계 토양의 날

3장

나무는 탄소 먹는 하마

사람부터 탄소중립

    수업을 마치고, 가온이는 교문 앞에서 서윤이와 함께 다민이를 기다렸다.
"오래 기다렸어?"
다민이가 둘을 보고 뛰어왔다.
"우리도 조금 전에 왔어. 날씨가 좀 쌀쌀하네. 빨리 가자."
따뜻한 봄 햇살이 가득했지만, 찬 바람이 심술을 부렸다.
"어디 갈래? 편의점?"
가온이가 외투에 손을 꾹 집어넣고 다민이와 서윤이를 번갈아 보았다. 오늘은 논술 수업이 없어 마음이 홀가분했다.
"우리 집에 가자."
서윤이의 대답에 모두 고개를 끄덕였다. 셋은 길을 따라 걸었다. 담벼락을 따라 흐드러진 줄기 사이로 노란 개나리가 꽃망울을 터트렸다.
"개나리 너무 예쁘다!"
서윤이가 개나리를 보고 줄기 끝을 뚝 분질렀다.

"가지를 꺾으면 어떻게! 아프잖아. 꽃이 예쁘면 그냥 볼 것이지. 넌 자연보호 몰라?"

가온이가 서윤이를 보며 야단치듯 얘기했다.

"개나리 가지를 꺾어 땅에 심으면 다시 자라서 나무가 되는데, 몰라?"

서윤이는 개나리 가지를 흔들며 꺾꽂이에 대해 이야기해 주었다. 꺾꽂이는 나무의 잎이나 가지를 잘라 다시 심어 식물을 번식시키는 무성 생식의 한 방법이었다.

다민이는 서윤이의 말을 믿지 못하겠다는 듯 잽싸게 스마트폰으로 검색했다.

"맞네. 진짜네."

다민이의 말에 가온이도 얼른 다가와 보았다.

서윤이는 개나리 가지 끝을 깨끗하게 정리해서 오른쪽 귀에 쓱 꽂았다. 그리고는 춤을 추듯 양팔을 흔들며 노래를 불렀다.

"봄 처녀 제 오시네, 새 풀 옷을 입으셨네."

"어! 가사는 똑같은데 음이 다른데?"

다민이가 씩 웃으며 서윤

3. 나무는 탄소 먹는 하마

이를 쳐다보았다. 서윤이는 고개를 흔들며 노래에 관해 설명했다. 서윤이가 부른 노래는 홍난파가 작곡한 '봄 처녀'였고, 다민이가 아는 '봄 처녀'는 걸그룹이 다시 부른 노래였다. 서윤이는 어릴 때부터 노래 부르는 것을 좋아했다. 동요, 가요, 팝송 가리지 않고 좋아해서 모르는 곡이 없을 정도였다.

애기하다 보니, 벌써 서윤이의 집 앞이었다. 개나리 망울망울에 봄빛이 깃들어 있었다.

"어? 저건!"

가온이가 담벼락에 걸린 개나리를 보고 걸음을 멈췄다.

"학교 담벼락 개나리와 닮지 않았니?"

서윤이가 씩 웃으며 머리에 꽂은 개나리 가지를 빼내 들어 보였다.

"뭐?"

서윤이의 말에 가온이는 고개를 갸웃거렸다.

"개나리가 사람이냐? 닮았다 하게."

"같은 형제거든."

서윤이는 애기하면서 손에 쥔 개나리 가지를 흔들었다. 둘은 깜짝 놀라며 담벼락에 걸린 개나리와 서윤이가 든 개나리 가지를 번갈아 보았다.

대문을 열고 안으로 들어갔다. 담 아래 개나리가 한가득 무리 지어 자랐다. 매년 봄, 서윤이는 개나리 가지를 꺾어 담벼락 아래 심었다.

이제는 제법 자라 가지가 굵고 덩치도 풍성했다. 서윤이가 모종삽으로 흙을 퍼내 개나리 가지를 땅에 쿡 박았다. 흙을 쓸어 구멍을 메우고 발로 꼭꼭 밟았다. 조리개에 물을 받아 가랑비가 떨어지듯 개나리 가지 주변에 뿌렸다.

"이제 끝! 들어가자."

가온이와 다민이는 서윤이를 따라 집 안으로 들어갔다. 집안이 조용했다. 서윤이가 엄마를 부르면서 안방 문을 열었다.

"출판사에 가셨나? 집에 안 계시네. 거실에서 놀자. 내가 간식 챙겨 올게."

서윤이는 얘기하면서 방 안으로 들어갔다. 서윤이 엄마는 집에서 일했다. 책에 들어가는 삽화나 만화를 주로 그렸다.

"어! 어린이신문 왔다."

"진짜?"

서윤이가 3월 신문을 들고 거실로 뛰어왔다. 셋은 천천히 신문을 넘겨보았다.

"우수 기자?"

서윤이가 2월 신문에서 우수 기자 이름을 유

심히 보았다. '이연우' 이름이 없었다. 서윤이는 실망한 듯 고개를 저으며 자리에서 일어났다. 주방에 가서 냉장고 문을 열어 딸기를 꺼내왔다.

가온이가 딸기를 먹으면서 한 곳을 뚫어지게 쳐다보았다. 고개를 갸웃거리다가 입을 열었다.

"컴퓨터 어디 있어?"

"뒤에 있잖아."

서윤이가 컴퓨터 있는 곳을 손가락으로 가리켰다.

"뭐 하려고?"

가온이는 우수 기자 선발 기준이 궁금했다. 컴퓨터를 켜고 녹색어린이신문 홈페이지로 들어갔다.

공지 게시판에 '우수 기자단 평가 방법'이 있었다. 모두 궁금한 듯 눈을 크게 뜨고 평가 기준을 보았다.

어린이 기자단은 공정한 평가를 위해 활동에 따라 점수를 주었다.

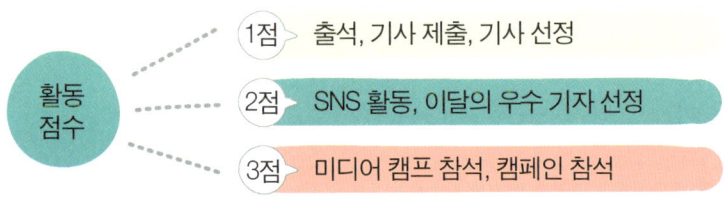

"점수를 더 받으려면, 연우 말처럼 SNS 활동이 중요하네."

"맞아. 출석은 모두 다 할 테니……."

셋은 평가 기준을 보면서 점수 딸 방법을 고민했다. 가온이와 다민이는 연우 말처럼 SNS를 하자고 얘기했다. 하지만 서윤이의 생각은 조금 달랐다. SNS 홍보뿐만 아니라 기사 쓰는 것도 중요하다고 주장했다. '이달의 우수 기자 선정'은 2점으로 보여도, 결과적으로 4점을 받기 때문이다.

"서윤이 말이 맞네."

가온이가 고개를 끄덕이며 서윤이를 보았다.

"맞아. 서윤이 진짜 똑똑하다. 기사 잘 써서 우수 기자 선정되면, 도대체 몇 점이야? 기사 제출 1점, 기사 선정 1점, 이달의 우수 기자 선정 2점까지 모두 4점이잖아."

다민이가 엄마 말투를 흉내 내면서 얘기했다. 다민이의 연기에 둘은 까르르 웃으며 뒤로 넘어갔다.

"목표를 정했으니, 이제 어떻게 할지 구체적으로 방법을 찾아보자."

3. 나무는 탄소 먹는 하마

셋은 돌아가면서 각자 의견을 말했지만, 모두 마음에 들지 않았다.

"카드 뉴스든, 동영상이든 일주일에 1개는 무조건 만들자. 어때?"

다민이가 둘을 번갈아 보며 얘기했다.

"좋아. 내가 그림 그릴게. 안되면 엄마한테 도와달라고 하면 돼. 우리 엄마, 그림 그리시잖아."

"맞아. 진짜 잘 그리셔."

다민이가 고개를 끄덕거리며 장단을 맞추었다.

가온이는 컴퓨터 앞에 앉아 검색을 시작했고, 서윤이도 책을 가져와 뒤적였다. 다민이도 스마트폰 화면 위에서 재빨리 손을 놀렸다.

"찾았다."

"뭔데, 뭔데."

서윤이가 소리치자 둘이 후다닥 뛰어왔다.

"또 나무야? 이걸로 뭘 하려고?"

다민이가 입술을 깨물며 서윤이를 바라보았다.

"사람이 숨 쉴 때 하루에 이산화탄소 680g을 배출해. 100년을 산다면, 총 25,000kg의 이산화탄소를 배출하지. 내가 배출한 이산화탄소를 스스로 없앨 수 있으면 탄소중립에 조금이나마 도움되지 않을까?"

서윤이가 차분하게 설명했다.

"맞네. 이산화탄소를 없애려면 나무를 심으면 되잖아. 평생 심어야 할 나무 숫자를 알아내면 되겠다."

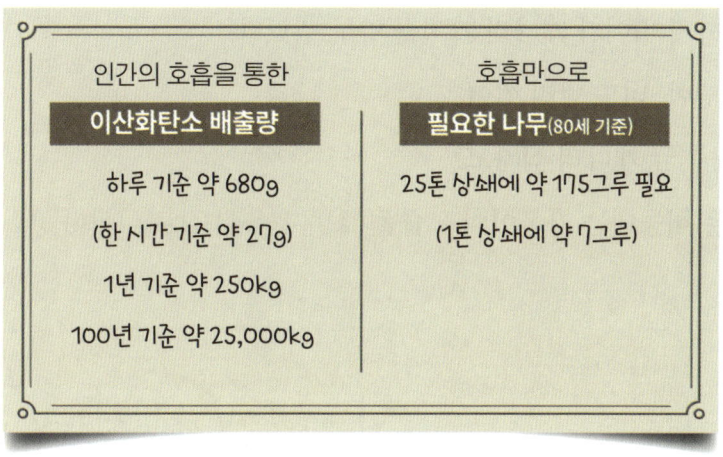

다민이가 손뼉을 치면서 어깨까지 덩실덩실 흔들었다. 나무가 흡수하는 이산화탄소량은 지난번에 계산한 적이 있었다. 서윤이가 공책을 가져와 지난번에 적어둔 내용을 보여주었다. 가온이가 재빨리 계산했다. 흡수량이 제일 많은 신갈나무로 계산해도 175그루가 필요했다.

"뭐? 175그루! 그렇게 많아?"

다민이가 깜짝 놀라며 입을 쩍 벌렸다.

"이제 카드 뉴스 만들자."

서윤이가 빙그레 웃으면서 둘을 쳐다보았다.

"지…… 지금 카드 뉴스를 만들자고? 이걸 보고도 그 말이 나와? 잠깐만."

가온이가 급한 일이라도 생긴 듯 자리에서 벌떡 일어났다. 그러고는 신을 신고 밖으로 뛰어나갔다. 둘은 가온이를 따라갔다. 가온이가 담벼락까지 뛰어가 개나리 가지를 마구 꺾었다.

"다민아, 너도 빨리 꺾어."

"뭐! 지금 개나리 심자고?"

둘은 허둥대는 가온이의 모습을 보며 웃음이 절로 나왔다.

나무 175그루를 어떻게 심어

점심시간에 넷은 휴게실에 모였다. 다민이가 연우에게 어제 일을 얘기했다.

"뭐? 담벼락 밑에 개나리를 심었다고?"

"그래. 175그루를 심어야 한다고 얼마나 보채는지……. 가온이 덕분에 나도 세 그루 심었잖아."

연우는 다민이의 얘기를 듣고 웃음을 참지 못했다. 서윤도 손뼉을 치며 깔깔거렸지만, 가온이는 깊은 생각을 하는지 잠시 아무 말도 하지 않았다.

"가온아, 무슨 생각해?"

다민이가 가온이의 어깨를 톡톡 두드리며 물었다.

"아, 식목일까지 어떻게 기다리지. 나무를 심어야 하는데……."

가온이는 시무룩한 표정으로 대답했다.

기자단 식목일 행사는 다음 달이었다.

연우가 무릎을 딱 치며 방긋 웃었다. 작년에 만났던 나무 박사님을 소개하면 가온이의 고민을 해결할 수 있기 때문이었다.

"가온아, 이번 주 토요일에 나무 박사님 만나러 갈래? 거기 가면 네가 원하는 만큼 나무를 심을 수 있을 거야."

"진짜?"

가온이의 시무룩한 표정이 금세 밝아졌다.

"예전에 네가 나무 박사라고 안 했어?"

"미안, 진짜 나무 박사님은 따로 있어."

이번 주 토요일은 기자단 교육이 없었다. 연우가 나무 박사님에 관해 얘기하자, 모두 관심을 보이며 좋아했다.

"수업 끝나고 연락해볼게."

연우가 고개를 끄덕이며 힘차게 대답했다.

"좋아, 그러면 이번 주 금요일까지 카드 뉴스 하나 무조건 끝내고 가는 거다."

서윤이의 목소리가 경쾌했다.

토요일 오전, 아이들은 나무 박사님이 계신 곳으로 출발했다. 지하철을 타고 열 정거장도 넘게 지나 월드컵경기장역에서 내렸다.

"와! 정말 크다."

지하철역을 빠져나오자 웅장한 경기장이 바로 눈앞에 있었다.

"오늘은 경기가 없어서 다행이네."

연우가 여유롭게 걸으며 얘기했다.

"그걸 어떻게 알아?"

서윤이가 뒤를 졸졸 따라가며 물었다.

"경기 있는 날이면, 지하철 입구부터 사람이 꽉 차 있거든."

축구 경기를 보러 아빠와 이곳에 몇 번 온 적 있었다.

연우가 빨간불을 보고는 횡단보도 앞에서 멈췄다. 길 건너편에 경기장보다 더 큰 숲이 있었다. 길을 따라 걸으며 봄 풍경을 감상했다.

"이제 거의 다 왔어."

외진 길가에 있는 널찍한 공터였다. 컨테이너 앞에는 굵은 통나무가 쌓여 있고, 넓은 밭에 파릇파릇 싹을 틔운 어린나무가 촘촘히 줄을 맞춰 자랐다. 밀짚모자를 쓴 할아버지가 어린나무

3. 나무는 단소 믹는 하마

에 물을 주다가 연우를 보고, 하던 일을 멈췄다.

"어서 오너라."

"안녕하세요. 잘 계셨죠."

연우가 뛰어가 인사하면서 셋을 소개했다.

"네가 가온이구나. 심어야 하는 나무가 백몇 그루라 했지?"

할아버지가 털털 웃으면서 아이들을 보았다.

"175그루에서 10그루 빼면 165그루예요."

서윤이가 장난치듯 툭 끼어들며 대답했다. 할아버지는 흐뭇하게 웃으며 고개를 끄덕였다. 작년 여름, 연우는 기사 취잿거리를 찾다가 우연히 이곳을 알게 되었다.

"잘 왔다. 여기 왔으니, 나무부터 심어야지."

할아버지가 뒷짐을 쥐고 컨테이너로 향했다. 가온이는 어깨를 흔들며 뒤를 졸졸 따라갔다. 할아버지가 컨테이너 안에서 누런 돗자리를 꺼냈다.

"할아버지, 저는 영상 좀 찍을게요."

연우가 얘기하면서 스마트폰을 꺼내 들었다.

"그래, 잘 찍어다오. 지난번에 네가 쓴 기사 덕분에 사람이 많이 찾아왔어."

할아버지가 돗자리를 흙바닥에 펼치고는 다시 안으로 들어갔다. 작은 가마니를 가져와 돗자리 위에 쏟아부었다. 동글동글한 열매가 우수수 떨어졌다.

"이건 도토리잖아요."

가온이는 눈을 동그랗게 뜨고 열매 하나를 집어 들었다.

"그래, 맞다. 도토리가 무슨 나무 열매인지 아니?"

"도토리요? 도토리가 도토리나무 열매 아닌가요?"

가온이는 대답해놓고도 조금 이상한지 도토리를 다시 한번 살펴보았다.

"지난번에 연우가 도토리는 참나무 열매라고 알려줬잖아."

서윤이가 잽싸게 대답했다.

"그런가?"

가온이는 실실 웃으며 입을 쑥 내밀었다.

할아버지가 도토리에 대해 설명해 주었다.

도토리는 굴참나무, 상수리나무, 떡갈나무, 신갈나무, 갈참나무, 졸참나무의 열매를 통틀어 이르는 말이었다.

도토리 종류

"자, 이것도 한번 보아라."

할아버지가 호주머니에서 도토리 6알을 꺼내 가온이에게 건넸다. 모두 비슷해 보였지만, 어딘가 조금씩 달랐다. 할아버지는 6종류의 도토리를 보면서 나무 이름을 알려주었다. 모두 우리나라에서 자라는 토종 참나무였다.

"이제 나무를 심어 보자!"

할아버지가 허리를 굽히며 도토리 몇 알을 손에 쥐었다.

"네. 그런데 나무는 어디 있어요?"

가온이는 할아버지를 물끄러미 바라보며 물었다.

"여기 있잖니?"

"어디요?"

가온이가 앞뒤로 고개를 돌리며 어린나무를 찾았다. 연우는 가온이를 보며 웃느라고 스마트폰 화면이 흔들렸다.

"이게 나무 씨앗이란다. 따라오너라."

할아버지가 손에 쥔 도토리를 들어 보이며 컨테이너 옆 천막으로 걸어갔다. 할아버지는 나무로 만든 화분을 보여주었다. 원통형과 육면체가 많았다.

"여기 있는 나무 화분을 돗자리 앞으로 모두 옮겨놓거라. 오늘 오후에 나가야 할 화분이 100개니까 서둘러야 할 것 같구나."

할아버지가 화분 하나를 들고 돗자리 쪽으로 다시 갔다. 그러고는 흙을 담는 법, 씨앗을 심는 방법을 알려주었다. 화분 1개에 도토리 3개씩 심어야 했다.

"화분 하나가 나무 3그루가 되는 거예요?"

가온이가 웃으며 물었다.

"그래, 맞다. 모두 잘 자란다면 3그루가 되겠지."

집씨통 화분에 심은 도토리

할아버지가 고개를 끄덕이며 대답했다.

"며칠 전에 개나리 10그루 심었으니까, 제가 화분 55개에 도토리를 심을게요. 그러면 딱 175그루 심는 거예요."

가온이의 목소리가 아주 우렁찼다.

셋은 화분을 먼저 옮겼다. 그러고는 흙을 담고 도토리를 심었다. 이렇게 만든 화분은 시민에게 무료로 하나씩 나눠주었다. 화분을 받은 사람은 100일 동안 정성껏 키워 어린나무를 이곳으로 다시 가져왔다. 튼실하게 자란 어린나무는 2~3년 더 키워 산에 옮겨 심었다.

다민이의 이마에 땀방울이 송골송골 맺혔다. 서윤이도 입고 온 두꺼운 점퍼를 벗어 의자에 걸어 놓았다. 모두 표정이 밝았다. 화분에 담은 씨앗 하나가 아름드리나무로 자라 숲이 된다고 생각하니 행복하고 마음이 뿌듯했다.

3. 나무는 탄소 먹는 하마

집씨통
https://cafe.daum.net/zipssitong

집씨통은 '집에서 씨앗 키우는 통나무'의 줄임말이며, 시민 누구나 집씨통 캠페인에 참여 할 수 있다. 노을공원 시민 모임은 2011년부터 씨앗을 키워 숲을 만드는 활동을 해왔다. '집씨통으로 동물이 행복한 숲 만들기'도 주요 활동 중 하나이다. 집씨통을 받은 시민은 100일 이상 집에서 씨앗을 키운다. 건강하게 자란 어린나무를 다시 가져오면, '나무자람터'에서 2~3년 더 키운 후 정식으로 산에 옮겨 심는다.

집씨통에는 우리 토종나무 씨앗이 들어있다. 대표적인 여섯 가지 토종 단풍나무인 산겨릅나무, 고로쇠나무, 복자기나무, 복장나무, 당단풍나무, 단풍나무와 우리 토종 참나무인 굴참나무, 상수리나무, 떡갈나무, 신갈나무, 갈참나무, 졸참나무이다.

집씨통은 노을공원에 직접 찾아가 받을 수도 있고, 온라인을 통해서 참여할 수도 있다. 택배로 받은 집씨통을 100일 동안 정성껏 잘 키워 노을공원시민모임으로 다시 보내주면 된다. 집씨통 화분은 환경오염을 막기 위해서 플라스틱이 아닌 목재를 사용한다.

- 집씨통 주소 : 서울특별시 마포구 하늘공원로 108-1 노을공원 주차장 컨테이너 사무실

▮ 씨앗 키우기

1. 옥수수전분으로 만든 봉투에서 씨앗을 꺼낸다(옥수수전분 봉투는 보관 후 다시 되돌려보내면 재사용할 수 있다).
2. 씨앗을 1~2cm 깊이로 심고 흙을 덮어준다.
3. 처음 한 번은 흙이 모두 젖도록 천천히 물을 듬뿍 준다.
4. 그다음부터는 흙이 마르지 않을 정도로만 물을 준다(물기가 많으면 씨앗이 상한다).
5. 햇볕과 바람이 잘 드는 곳에 놓아두고 100일 이상 키운다(겨울철 25℃ 이하로 내려가면 봄이 올 때까지 더 키운다).
6. 씨앗을 심은 후 50~60일이 지난 후 싹이 보이는지 확인한다(싹이 보이지 않으면 흙을 살살 걷어 뿌리나 싹이 나왔는지 확인한다).
7. 충분히 자란 줄기를 살짝 구부려 뚜껑 안에 들어갈 수 있게 말아 넣는다(어린나무는 부드러워 잘 구부러지고 잘 펴지기 때문에 걱정하지 않아도 된다).
8. 흙이 축축할 정도로 물을 주어 처음 받았던 구성물 그대로 종이 봉투에 넣어 돌돌 말아 고무밴드로 고정해서 보낸다.

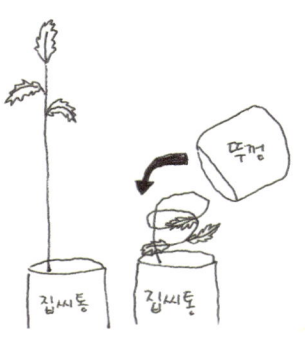

집씨통을 택배로 보낼 때, 처음 받은 구성물 그대로 보내야 한다. 내용물에 비닐테이프나 비닐끈·뽁뽁이·스피로폼 등은 사용하면 안 된다. 나무를 키우기 위해 쓰레기가 발생하는 것은 숲을 가꾸는 목적에 맞지 않기 때문이다.

어린나무를 많이 심어야 하는 이유

점심을 먹고 셋은 화분 100개를 누런 종이로 포장했다. 테이프를 쓰지 않고 끈으로 묶었다. 연우는 주변을 돌아다니며 촬영을 계속했다.

"할아버지, 누가 왔어요."

다민이는 큰 소리로 얘기하면서도 손으로는 화분을 포장했다.

"조금 서둘러야겠구나."

할아버지 얘기에 연우가 뛰어와 포장을 도왔다.

잠시 후, 사람들이 떼를 지어 몰려왔다. 할아버지가 사람들을 모아 놓고 나무 키우는 법을 설명했다. 모두 귀를 쫑긋 세워 들었다. 연우는 스마트폰을 다시 들고 할아버지 옆에서 촬영을 시작했다.

포장이 끝나자, 사람들이 줄을 서서 밝은 표정으로 화분을 받아 갔다. 북적거리던 사람들이 밀물 빠지듯 사라지자, 언제 그랬냐는 듯 공터는 다시 평온을 되찾았다.

"오늘 고생 많았다. 출출할 텐데, 간식을 먹자꾸나."

할아버지가 미소를 지으며 컨테이너 안으로 들어가 고구마 몇 개를 바가지에 담아왔다. 드럼통을 반으로 잘라 만든 화로에 나무 조각을 넣고 불을 피웠다. 불이 고물고물 피어오르다가 순식간에 거센 불길로 변했다. 한참 동안 따닥따닥 소리를 내며 불길이 일었다가 빨간 숯으로 변했다. 할아버지는 철망 위에 고구마를 올려놓았다.

"저쪽에 앉아서 기다리자."

할아버지가 천천히 걸어가 돗자리에 앉았다. 서윤이는 고개를 갸웃거리며 화롯불을 보다가 뛰어왔다.

아이들은 할아버지 주위에 둥그렇게 마주 보며 자리를 잡았다.

"할아버지, 궁금한 게 있어요."

"뭐냐?"

서윤이는 드럼통 안에서 타닥타닥 타고 있는 나무를 가리켰다. 나무 심는 곳에서 나무를 태우는 것이 이상했다. 게다가 화분까지 나무로 만들었다. 나무를 아끼고 사랑해야 하는데 나무를 베어 물건을 만들고, 태우는 것은 잘못된 행동이라는 생각이 들었다.

서윤이의 얘기를 들은 할아버지가 빙그레 웃으며 고개를 끄덕였다. 그러고는 나무를 베어 목재를 사용해야 하는 이유에 대해 알려주었다.

3. 나무는 탄소 먹는 하마

"나무의 나이는 영급으로 얘기하지. 1년에서 10년까지 I 영급, 11년에서 20년까지 II 영급처럼 10년 단위로 1령씩 올라간단다."

할아버지는 얘기하면서도 표정이 어두웠다. 2020년 기준으로 우리 산림의 25% 정도가 V 영급 이상의 수목으로 고령화 비중이 상당히 높았다.

"나무 나이가 많으면 어떻게 돼요? 백 년 이백 년 된 나무처럼 오래 되고 굵은 나무가 좋은 게 아닌가요?"

나이	I 령	II 령	III 령	IV 령	V 령	VI령 이상
비율	3.3%	2.6%	21.9%	46.4%	18.7%	6.7%

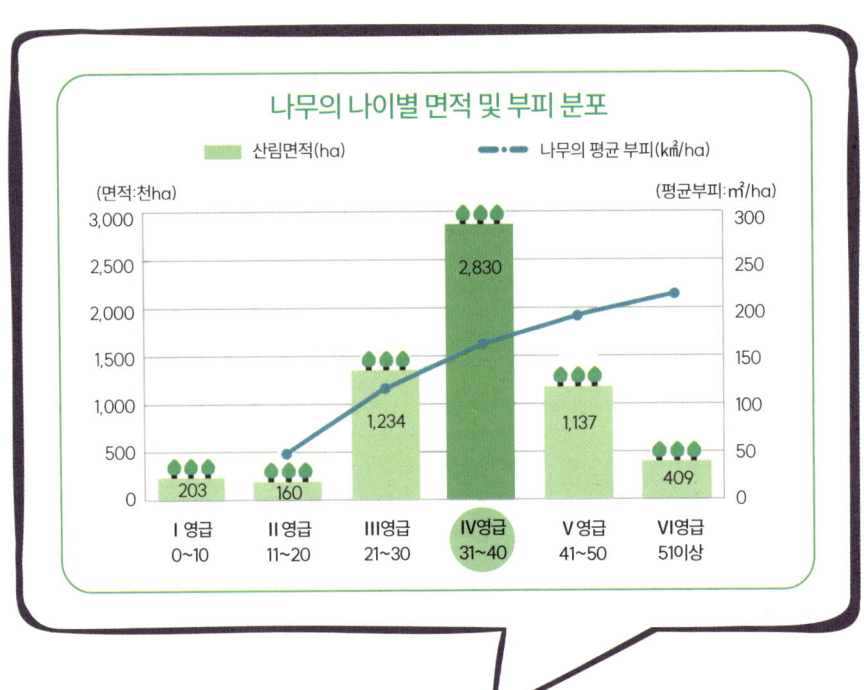

서윤이가 눈을 초롱초롱 반짝이며 물었다.

"사람하고 똑같아. 나이가 들면, 힘이 빠지듯 나무도 마찬가지야. 나이가 많은 나무는 성장이 늦고 이산화탄소 흡수량도 떨어지지."

우리나라 숲은 탄소 흡수량이 뛰어난 소나무, 잣나무, 낙엽송 등이 많지만, 임령이 증가하면서 생장량 및 이산화탄소 흡수량은 계속 떨어졌다.

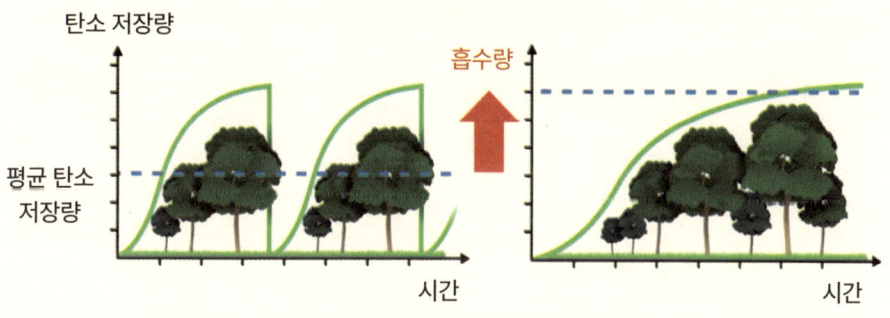

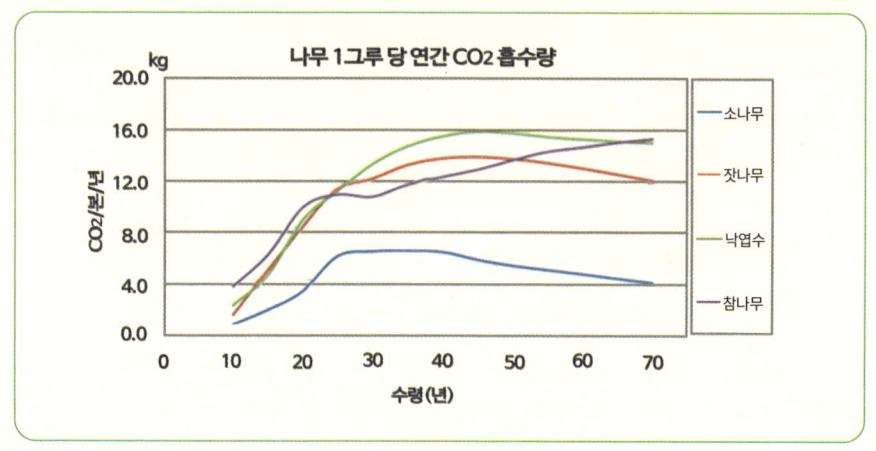

2050년이 되면, 노령기(50년 이상)를 맞는 나무가 전체 76% 나 될 정도였다.

"그래서 큰 나무는 베고, 어린나무를 계속 심어야 하는군요."

가온이가 고개를 끄덕이며 할아버지를 쳐다보았다.

"맞아. 임령이 증가한 나무가 많아지면 산림에서 흡수하는 이산화탄소량이 2000년과 비교해서 30% 수준밖에 되지 않을 거야. 어린나무는 계속 심고, 큰 나무는 베어내서 목재 사용을 계속 늘려야 해."

할아버지 말은 사실이었다.

"할아버지, 어떻게 하면 돼요. 정말 큰일이네요!"

"그래서 우리도 목재를 쓰기 위해서 철이나 플라스틱 대신 나무로 화분을 직접 만들어 쓰는 거야."

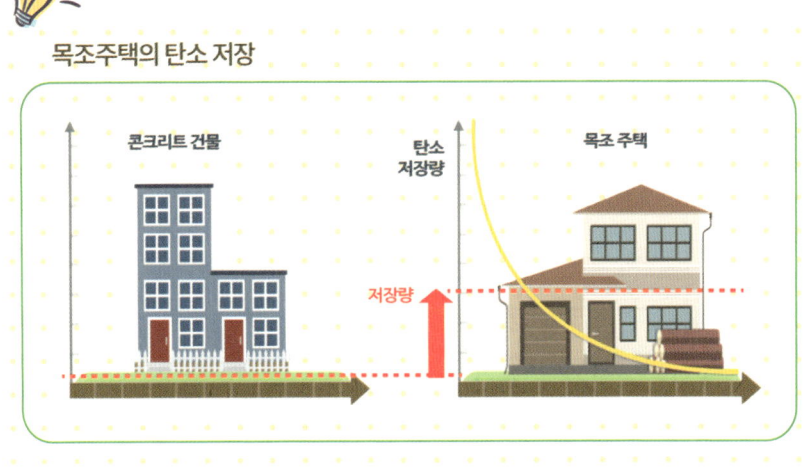

할아버지 얘기에 서윤이가 고개를 끄덕이며 미소를 지었다. 연우는 촬영하다가 서윤이의 밝은 얼굴을 보았다. 한참 동안 꼼짝도 하지 않고 서윤이만 찍었다.

"할아버지, 화분 말고 또 뭐가 있을까요?"

이번에는 다민이가 물었다.

"집을 지을 때도 목재를 쓰면 좋아."

"진짜요? 춥지 않을까요?"

다민이가 또 잽싸게 물었다.

목재로 집을 지으면 좋은 점이 많다. 목재는 탄소를 저장하기 때문에 대기 중으로 탄소가 방출되는 것을 몇십 년간 늦춰 준다. 제재목은 35년, 합판·보드류는 25년, 종이는 2년 동안 탄소를 저장한 것으로 인정해준다. 목제품에 저장한 탄소는 '국가 탄소저장량'으로 인정하기 때문이다. 목제품(HWP: Harvested Wood Products)이란, 수확한 목재와 목재를 원료로 가공한 제품을 말한다. 또한, 목제품은 단열 성능이 뛰어나 냉·난방비를 30% 이상 줄일 수 있다. 목재를 사용해 약 36m^3 넓이의 목조주택을 지으면, 총 9톤의 탄소가 저장된 것으로 인정받을 수 있다. 이것은 소나무 숲 400m^2가 1년 6개월간 흡수하는 이산화탄소량과 같다. 연료로 사용하는 것보다 탄소를 오래 저장할 수 있는 건축 자재, 실내장식 자재, 생활용품 등에 활용하는 것이 환경에 더 도움이 되었다.

솎아베기

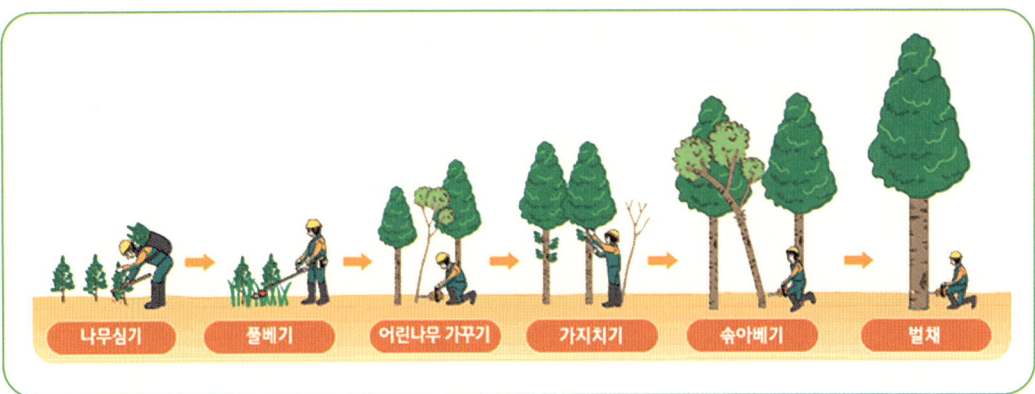

"얼마 전, 뉴스에서 벌목하는 것을 봤어요. 산에 나무를 다 베어버리니까 흉하고 보기 좋지 않던데……. 그래도 나무를 베어야 하나요?"

가온이가 꺼름칙한 표정을 지으며 고개를 좌우로 흔들었다.

"벌목은 절대 안 된다."

할아버지가 단호한 목소리로 말하며 고개를 흔들었다.

목제품 사용을 늘리기 위해 대량으로 나무를 베는 벌목은 좋은 방법이 아니다. 산림자원을 먼저 조사하고, 효율적인 방법으로 목재를 선별하는 지혜가 필요하다.

"효율적인 방법요?"

"나무를 골라서 베야 한다고요? 왜요?"

가온이와 다민이가 동시에 물었다.

수목은 자라면서 인접 나무와 경쟁하기 때문에 성장하면서 더 많은 공간이 필요하다. 충분한 공간이 있으면, 나무는 더 튼튼하게 자랄 수 있기 때문에 나무를 벨 때는 모두베기가 아닌 솎아베기를 꼭 해야 한다.

　"어린나무가 잘 자라기 위해서 주변 나무만 골라서 베어야 해. 그렇게 하려면 산에 어떤 나무가 얼마나 있고, 어떻게 자라는지 먼저 조사를 해야 한단다."

　할아버지의 얘기에 모두 고개를 끄덕였다. 목재를 쓰는 것이 산림을 파괴하는 행위가 아닌 건전한 자원 순환에 도움을 주고, 환경을 보호하는 일이라는 것을 알았기 때문이다.

　할아버지는 숲이 인간에게 어떤 이로움을 주는지도 알려주었다.

　숲은 쾌적한 휴식 환경을 제공할 뿐 아니라 홍수 예방, 대기 정화, 이산

산림의 역할 및 공익 기능

산림의 가장 중요한 역할은 '재해방지'

27.1%	15.9%	13.2%	12.3%	11.0%

재해방지	생활환경개선	휴식공간	수자원 확보	목재 공급

산림의 공익기능 중 가장 중요한 것은 '이산화탄소 흡수 및 대기 정화'

29.4%	21.0%	14.5%	13.2%

이산화탄소 흡수 및 대기 정화	수자원 함양증진	아름다운 경관	토사유출방지

화탄소 흡수·저장, 야생동물 서식처 제공으로 인한 생물종 다양성 증가, 목재 및 임산물 생산 등 우리에게 많은 것을 선물해 주었다.

"앞으로는 목재를 더 많이 쓰도록 노력해야겠어요."

서윤이가 다짐하듯 얘기하면서 주먹을 꼭 쥐었다.

"그게 혼자 노력만으로는 쉽지 않아. 모두가 노력해야 가능한 일이지."

할아버지가 나지막하게 얘기하다가 코를 킁킁거리며 자리에서 벌떡 일어났다. 솔솔 부는 봄바람에 타는 냄새가 실려 왔다.

"할아버지, 군고구마요!"

가온이가 깜짝 놀라며 화로를 가리켰다.

"이런. 다 탄 거 아닌지 모르겠네."

할아버지가 허겁지겁 뛰어갔다.

숲과 나무

▌ 나무의 역할

나무는 광합성을 하면서 이산화탄소를 흡수·저장하고, 공기도 맑게 해준다. 나무가 0.5kg 증가하면, 약 0.75kg의 이산화탄소를 더 흡수하고 약 0.6kg 정도의 산소를 더 방출한다. 30m 자란 나무에 20만 개의 잎이 있다고 가정해보면, 성장이 왕성한 계절에 나무 한 그루가 약 42㎥의 물을 토양에서 흡수하여 공기로 내뿜는다. 또한 비가 오면 그물처럼 얽혀 있는 나무의 뿌리가 흙을 움직이지 않게 단단히 잡아줘 빗물이 토양에 침투하는 시간을 늦춰 수해를 예방해 준다.

▌ 숲의 기능

① 홍수 조절 기능 : 비가 많이 올 때, 유량을 감소시킨다.
② 가뭄 완화 기능 : 비가 오랫동안 오지 않아도 계속 물이 마르지 않게 한다.
③ 수질 정화 기능 : 물을 깨끗하게 만든다.

홍수조절기능
건강한 산림은 빈약한 산림보다 홍수기에 ha당 1일 28.4톤을 더 저장한다.

가뭄완화기능
건강한 산림은 빈약한 산림보다 가뭄기에 ha당 1일 2.5톤을 더 흘려보낸다.

수질정화기능
건강한 산림은 연간 193억 톤의 강수를 정화한다.

산림의 역할

산림은 지역 내에 떨어진 비를 토양으로 침투시켜 저장하고 저장된 물을 적절히 방출해 흐름을 조절하는 능력을 지닌다. 산림은 토양표면에 낙엽, 죽은 가지, 나무뿌리, 초본류 등이 있어 물이 지표면으로 흐르지 않게 하고 토사의 유출도 방지한다.

우리나라의 경우 산림 지역에서 연간 내리는 물의 양은 수자원 총량 1,267억 톤의 약 65%인 823억 톤 정도이다. 이 중에서 수목의 잎이나 가지, 지표면에서 증발로 손실되는 양은 총량의 45%인 567억 톤이며, 하천으로 유출되는 양은 55%인 700억 톤정도이다.

가뭄 완화

건강한 산림은 민둥산보다 많은 양의 물을 저장한다. 수령이 높을수록 낙엽 및 뿌리량의 증가로 유기물이 많아져 토양이 좋아지게 되므로 물의 저장 능력이 향상된다.

도시 숲에 사는 산새

"코에 뭐 묻었네?"

연우가 서윤이를 보며 손가락으로 얼굴을 가리켰다. 서윤이의 손이 올라갔다.

"여기?"

손으로 오른쪽 볼을 훔쳐냈다. 하얀 얼굴에 검은 자국이 생겼다.

"아니, 조금 밑에······."

연우가 웃음을 억지로 참았다. 가온이와 다민이가 서윤이의 얼굴을 보고 소리 내어 웃었다. 손이 닿은 자리마다 시커먼 숯검정이 묻었다.

"연우야, 그만해."

다민이가 고개를 흔들며 얘기했다. 그제야 서윤이도 연우의 장난을 알아챘다.

"너, 진짜!"

서윤이가 눈을 흘기며 연우를 쳐다봤다.

"고구마 다 먹고 같이 씻으러 가자."

가온이가 다정한 목소리로 얘기했다. 넷은 조심스럽게 껍질을 벗기고 호호 불어가며 군고구마를 맛있게 먹었다. 가온이는 기분이 좋아 고구마를 먹으면서도 얼굴에서 웃음이 사라지지 않았다. 나무 175그루를 심었으니, 평생 배출할 이산화탄소량을 스스로 줄인 셈이기 때문이었다.

"뭐가 그렇게 좋니?"

다민이가 팔꿈치로 가온이의 옆구리를 슬쩍 쳤다.

"나는 이미 탄소중립을 달성했잖아. 오늘 도토리 165개를 심었다고."

목소리까지 경쾌했다.

"그게 다 자랄까?"

연우가 끼어들며 슬쩍 질문을 던졌다.

"다 자라는 거 아니었어?"

가온이의 눈썹이 파르르 떨렸다. 그리고는 할아버지를 보면서 눈을 껌뻑거렸다.

"연우 말이 맞다."

할아버지가 가온이를 보며 얘기했다.

도토리 3개를 심었다고 모두 싹이 트고 어린나무로 성장하는 것은 아니었다. 가끔 새싹이 나오지 않아 도토리를 다시 보내 줄 때도 있었다.

"진짜요? 그럼 와서 또 심을래요. 그러면 150살까지는 충분히……."

가온이는 대답하면서도 입이 다물어지지 않았다.

"150살까지 살려고?"

서윤이가 눈을 크게 뜨며 가온이를 쳐다보았다.

"내 목표가 200살이거든."

가온이의 대답에 모두 웃음을 터뜨렸다.

"조만간 또 와야겠네. 다음에는 나도 목표량을 달성해야지. 히히."

다민이도 밝은 목소리로 흥을 돋웠다.

"우리가 도토리 다 심어버리면, 다람쥐는 어쩌지? 도토리는 다람쥐 밥이잖아. 할아버지, 다람쥐가 너무 불쌍해요. 도토리 말고 다른 나무도 좀 심어주세요."

가온이가 일부러 슬픈 표정을 하며 할아버지에게 매달렸다.

"참나무 말고 단풍나무도 심는단다."

할아버지가 고개를 끄덕이며 셋을 바라보았다. 그러고는 참나무와 단풍나무를 심는 이유에 대해 알려주었다.

"아, 그래서 활엽수인 참나무와 단풍나무를 집중적으로 심으시는 거예요?"

가온이가 고개를 끄덕이며 흡족한 표정을 지었다.

침엽수와 활엽수

나무는 종류, 나이, 계절, 기후온난화 정도에 따라 이산화탄소 흡수량이 다르다. 여름철 기온이 높고 대기 및 토양 수분 함량이 낮아지면, 나무의 순 탄소 흡수량이 줄어든다. 낙엽활엽수의 연간 탄소 흡수량이 침엽수보다 높다.

침엽수는 바늘 같은 뾰족한 잎이 달려있다. 온대 북부를 중심으로 전 세계에 약 500종이 분포하는데 우리나라에는 소나무, 잣나무, 향나무 등이 있다. 낙엽활엽수는 가을이나 겨울에 넓고 납작한 잎이 떨어졌다가 봄에 새잎이 난다. 벚나무, 떡갈나무, 졸참나무, 단풍나무 등이 있다.

지구온난화 정도에 따라 수목의 이산화탄소 흡수량이 달라진다. 온난화가 지속될 경우 탄소 흡수량은 침엽수림에서 평균 30% 감소하고, 활엽수림에서는 12% 감소하는 것으로 나타났다. 지구온난화를 막기 위해 활엽수림이 훨씬 더 유리하다. 2020년 기준으로 우리나라 수목 분포를 살펴보면, 침엽수림 비중이 아직 높다.

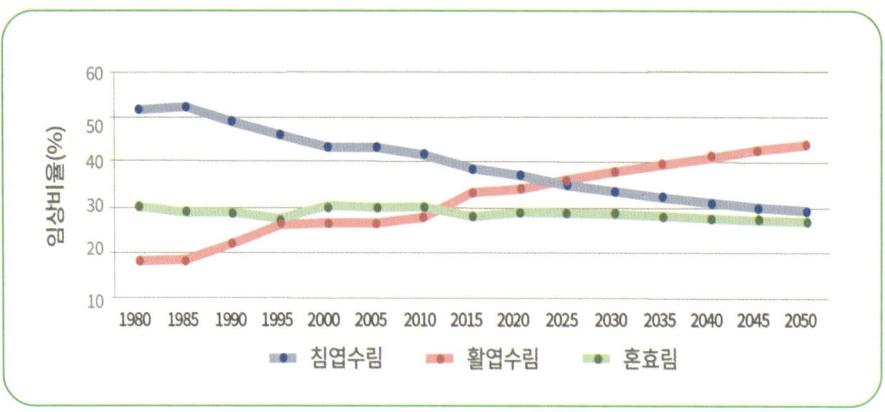

2015~2050년까지 임상별 면적 비율의 변화 및 전망

"그래. 단풍나무 씨앗은 어떻게 생겼는지 모르지?"

할아버지가 얘기하면서 일어났다. 컨테이너에서 자루를 가져와 단풍 씨앗을 보여주었다. 납작한 콩 자루 두 개가 마주 보며 쌍을 이뤘다. 할아버지는 단풍나무 씨앗 몇 개를 쥐어 공중에 뿌렸다. 단풍나무 씨앗이 헬리콥터 날개처럼 빙글빙글 돌면서 흩어졌다.

"와! 신기해요."

단풍나무 씨앗은 빙글빙글 돌며 바람을 타고 날아갔다. 서윤이가 단풍나무 씨앗에서 눈을 떼지 못했다.

"와! 이렇게 많은 씨앗이 어린나무로 자라면 모두 심을 곳이 있어요?"

단풍나무 씨앗과 도토리가 담긴 자루만 해도 엄청나게 많았다. 이런 자루가 열 개도 넘었다.

"왜 없겠니?"

할아버지는 도시 숲에 대해 알려주었다.

"맞아요. 집 주변에 숲이 있으니까 너무 좋아요. 새 소리를 들을 수 있잖아요."

"작년 여름, 진짜 더웠잖아요. 그래서 집 앞에 있는 숲에 갔는

데 너무 시원했어요."

모두 맞장구를 치며 도시 숲에 관한 경험을 얘기했다.

"도시 숲은 여름 기온을 3~7℃ 낮추고, 습도는 9~23% 높여주지."

할아버지는 도시 숲의 장점에 대해 또 알려주었다. 모두 귀를 쫑긋 세우고 얘기를 들었다. 가까이에서 보던 도시 숲이 이렇게 많은 장점이 있는 줄 몰랐기 때문이다.

도시 숲

경제 발전과 수도권 인구 집중으로 인해 도시의 공기가 점점 나빠졌다. 특히 미세먼지는 호흡기 질환, 안구 질환 등의 신체 건강을 위협한다. 미세먼지는 석탄·석유 등 화석연료 배출에서 많이 발생한다. 미세먼지를 줄이기 위해서 도시에도 숲이 필요하다.

도시 숲은 국민의 보건 휴양, 정서 함양, 체험 활동 등을 위해 조성·관리하는 산림 및 수목을 말한다. 도시 숲은 기능과 역할에 따라 도시산림공원, 생활환경 숲, 가로수·가로 숲, 명상 숲, 전통 마을 숲, 경관 숲 등이 있다.

종류	기능	역할
도시산림공원	국민의 건강증진과 숲 체험활동을 위해 생활권 근처에 조성	숲 교육·휴양·문화의 장으로 이용
생활환경 숲	공한지, 병원, 요양소 등의 공간에 조성	도시의 무더위, 소음, 매연을 흡수하여 생활환경 개선
가로수·가로 숲	도로를 따라 조성	태양열을 흡수, 가지와 잎이 먼지 제거 및 유해가스를 흡수해 공기 정화
명상 숲	학교와 주변에 조성	자연적인 학습공간과 쉼터
전통 마을 숲	숲 문화의 보전과 지역주민의 생활 개선 등을 위하여 마을 주변에 인공적으로 조성	마을을 보호하거나 홍수 피해를 막는 등 마을의 지형적 결함을 보완
경관 숲	관광지, 하천 등과 인접한 우수한 산림 경관자원의 보존 등을 위해 조성	국토 경관자원의 질을 향상

도시 숲의 장점

도시 숲은 자동차 소리와 생활 소음을 줄여주고, 불볕더위도 피할 수 있다. 또한, 미세먼지 차단, 휴식공간 제공, 체험활동 공간 제공 등 다양한 이점이 있다.

가로수의 가로 숲만 살펴봐도 장점은 탁월하다. 버즘나무(플라타너스)는 1일 평균 잎 1㎡당 664kcal의 대기열을 흡수한다. 폭 10m, 너비 30m인 수림은 7dB의 소음이 감소하고, 키 큰 나무(폭 30m, 높이 15m)가 있는 고속도로에서는 10dB이 감소하는 것으로 나타났다. 도로의 양쪽에 침엽수림대를 조성하고 중앙분리대에 키가 큰 침엽수를 심으면 자동차 소음의 75%, 트럭 소음의 80%가 감소한다. 1ha 숲은 연간 미세먼지 46kg을 포함한 대기오염 물질 168kg 흡착·흡수한다. 나무 한 그루는 연간 35.7g의 미세먼지를 흡착·흡수한다. 미세먼지 46kg은 경유 차 27대가 1년에 내뿜는 미세먼지에 해당한다.

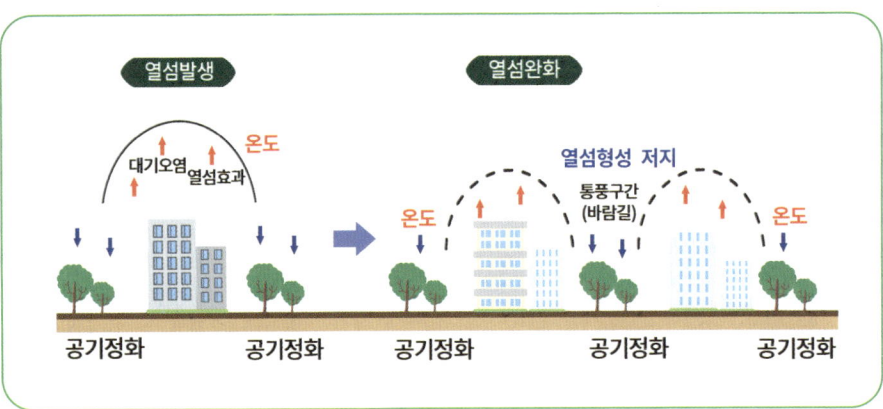

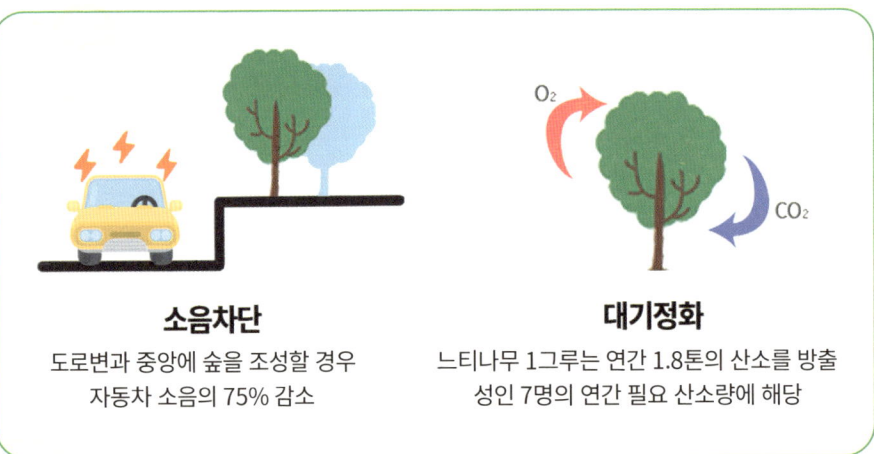

소음차단
도로변과 중앙에 숲을 조성할 경우
자동차 소음의 75% 감소

대기정화
느티나무 1그루는 연간 1.8톤의 산소를 방출
성인 7명의 연간 필요 산소량에 해당

도시 숲의 기능

도시 숲의 부유 먼지(PM10)와 미세먼지(PM2.5) 농도는 도시 숲이 없는 곳보다 부유 먼지는 25.6%, 미세먼지는 40.9%가 낮았다. 나뭇잎이 미세먼지를 빨아들이고, 가지와 나무줄기가 아래로 떨어지는 미세먼지를 차단하기 때문이다.

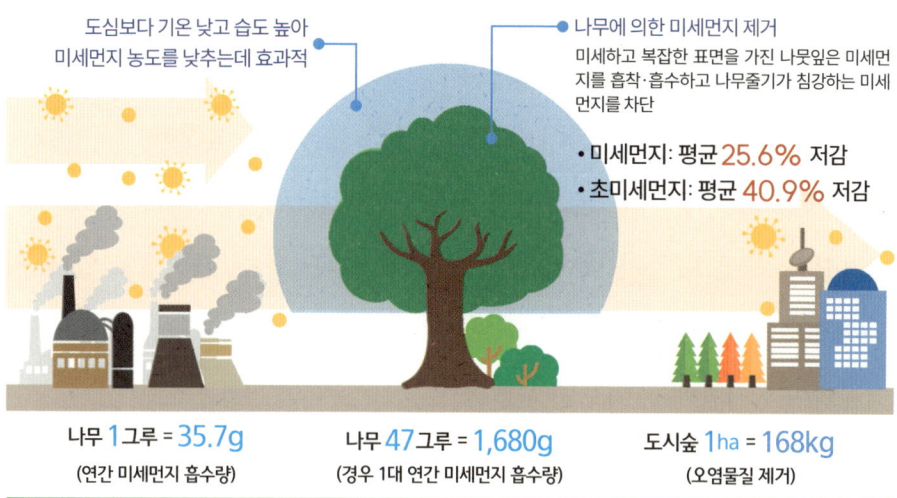

- 도심보다 기온 낮고 습도 높아 미세먼지 농도를 낮추는데 효과적
- 나무에 의한 미세먼지 제거
  미세하고 복잡한 표면을 가진 나뭇잎은 미세먼지를 흡착·흡수하고 나무줄기가 침강하는 미세먼지를 차단
  • 미세먼지: 평균 25.6% 저감
  • 초미세먼지: 평균 40.9% 저감

나무 1그루 = 35.7g (연간 미세먼지 흡수량)
나무 47그루 = 1,680g (경우 1대 연간 미세먼지 흡수량)
도시숲 1ha = 168kg (오염물질 제거)

흡수량 : 미세먼지(PM10) 46kg, 이산화황(SO_2) 24kg, 이산화질소(NO_2) 52kg, 오존(O_3) 46kg 등 168kg

산림청 국립산림과학원은 국내에서 흔히 심는 나무 322종을 대상으로 수종별 미세먼지 저감 능력을 세분화해서 발표했다. 키 큰 나무 중 미세먼지를 줄이는 효과가 우수한 상록수종은 소나무, 잣나무, 곰솔나무, 주목, 향나무 등이 있고, 낙엽수종에는 낙엽송, 느티나무, 밤나무 등이 있다. 울타리로 많이 사용되는 관목류 중에서는 두릅나무·국수나무·산철쭉 등이 미세먼지를 줄이는 데 효과적이다.

[도시 숲의 미세먼지 감소 효과 조사(국립산림과학원, 2017. 5. 30.)]

- 2017. 4월 서울 홍릉 숲과 도심에서 부유 및 미세먼지 농도 측정·분석

  * 부유먼지(PM10) : 도시 평균 60.2㎍/㎥, 홍릉 숲 42.4㎍/㎥(2017년 8월 대비 25.6% 감소)
  * 미세먼지(PM2.5) : 도시 평균 23.5㎍/㎥, 홍릉 숲 13.4㎍/㎥(2010년 1월 대비 40.9% 감소)

나뭇가지로 깨끗한 전기를 만들 수 있다!

"야, 그건 아니지. 내 말이 맞을걸?"

"아냐. 내 말이 맞아. 할아버지도 나무로 불을 피우셨잖아."

다민이와 서윤이가 군고구마를 먹다가 실랑이를 벌이며 목소리가 커졌다. 둘은 나무가 탈 때 발생하는 이산화탄소 여부를 두고 말다툼을 벌였다.

"할아버지한테 물어보면 되잖아."

가온이가 끼어들며 둘을 말렸다.

할아버지는 땅에 구멍을 파고 화로 속의 재를 모아 묻었다. 그러고는 가마니를 가져와 주변에 떨어진 잔가지를 주워 담았다. 화분을 만들고 나온 목재 부스러기는 삽으로 퍼담았다. 할아버지가 주변 정리를 하다가 둘의 실랑이를 보고 고개를 돌렸다.

"나무를 태우면 이산화탄소가 나온단다."

할아버지가 나지막한 목소리로 얘기하며 미소를 지었다. 모두 할아버지에게 달려갔다.

"진짜요? 그런데 나무를 왜 태우셨어요? 이산화탄소가 발생하면 안

좋잖아요."

다민이가 발끈하며 따지듯 다시 물었다. 할아버지는 나무를 태워도 괜찮은 이유를 알려주었다.

산림의 순환 과정을 이해하지 못하면, 목재를 태우는 것이 탄소 배출이라 오해할 수 있다.

목재는 석탄, 석유와 달리 에너지로 사용할 때, 추가적인 이산화탄소를 배출하지 않는다. 나무를 벨 때 이미 이산화탄소를 배출한 것으로 계산했기 때문이다. 목재를 태워 에너지를 생산할 때 발생하는 이산화탄소는 이미 계산하였기 때문에 이중으로 포함하지 않는다. 국제에너지기구(IEA)는 탄소순환 논리에 따라 목재 연료를 '탄소중립 에너지원'으로 인정했다.

"그래서 톱밥, 나무, 잔가지를 가공하고 버리는 목재 부산물을 사용하여 친환경 전기를 생산할 수 있지."

"네? 나무로 친환경 전기를 생산할 수 있다고요?"

모두 깜짝 놀라며 할아버지를 쳐다보았다.

"저기 가마니 보이지?"

할아버지가 컨테이너 옆에 쌓인 가마니를 가리켰다. 톱밥, 나무 잔가지가 들어 있는 가마니였다.

"트럭 한 대 실을 정도가 되면, 목재 펠릿을 만드는 공장으로 보낸

목재 펠릿(wood pellet)

나무를 벌채하고 남은 목재, 자투리 목재, 잔가지 등의 목재 부산물을 톱밥으로 만든 후, 길이 3~4cm, 굵기 1cm 이내의 원기둥 모양으로 압축해 가공한 목질계 바이오원료이다. 목재 펠릿은 부피가 작고 균일해 사용하기 쉽고 이동도 편하다.

목재의 부피를 1/3 이하로 압축

단다."

"목재 펠릿이요?"

"목재 펠릿은 나무잖아요. 나무로 전기를 어떻게 만들어요?"

서윤이가 눈을 껌뻑이며 물었다.

"화력발전소에서 석탄 대신 나무를 태워 친환경 전기를 생산할 수 있지."

할아버지 설명은 의외로 간단했다.

국립산림과학원 조사에 따르면 유연탄 대신 목재 펠릿을 사용하면 1톤당 이산화

탄소 1,271kg을 줄일 수 있다.

"할아버지, 작년에 기자단에서 에너지 교육을 받았는데 우리나라는 탄소중립을 이루기 위해 2050년까지 석탄화력발전소를 모두 없앤다고 들었어요. 석탄 대신 목재 펠릿을 쓰면 화력발전소를 없애지 않아도 되잖아요."

연우가 조심스럽게 물었다.

"맞아요. 석탄 대신 목재 펠릿을 쓰면 발전소를 그대로 사용할 수 있잖아요."

가온이도 고개를 끄덕이며 맞장구쳤다.

"맞다. 그런데 그게……."

할아버지가 얘기하다가 말끝을 흐렸다.

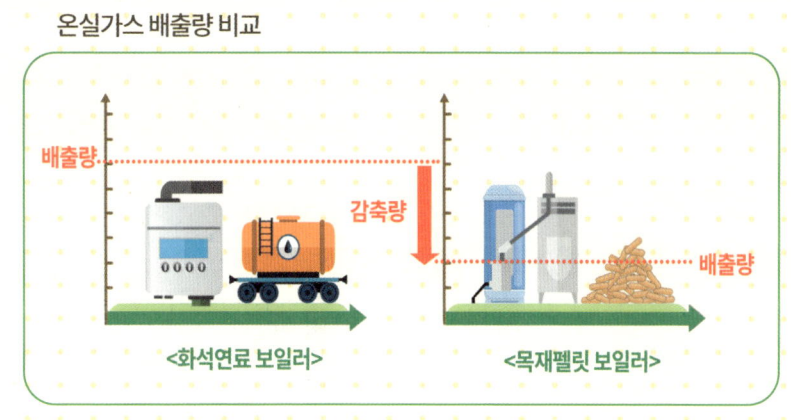

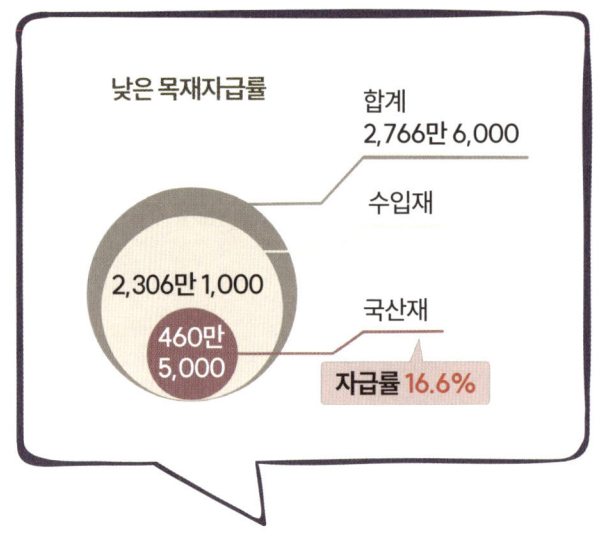

우리나라는 풍부한 산림자원에 비해 목재 자급률은 너무 초라하기 때문이었다.

2020년 산림청 통계를 보면, 우리나라는 국토 대비 산림 면적 비율이 약 62.6%를 차지할 정도로 산림자원이 풍부하다. 경제협력개발기구(OECD) 국가의 산림 비율을 보면, 핀란드(73.7%), 스웨덴(68.7%), 일본(68.4%)에 이어 4위이다. 또한, 유엔식량농업기구(UNFAO)는 우리나라를 25년간 임목 축적 증가율이 가장 높은 나라로 선정했다. 하지만 목재의 자급률은 약 17%밖에 되지 않고, 목재 부산물의 이용도 매우 낮다. 2020년 목재 펠릿 사용량은 총 304만 2,894톤이지만, 수입산이 287만 8,384톤으로 94.6%, 국내산은 16만 4,510톤으로 5.4%밖에 되지 않을 정도 수입에 많이 의존했다.

"수입하면 운반할 때, 에너지를 또 사용하잖아요."

"산에 나무가 많아도 쓰지 못하는 게 말이 돼요?"

가온이가 다민이와 번갈아 가며 얘기했다.

"산에 길을 낼 수 없으니, 큰 나무를 베는 것도 잔가지를 치우는 것도 쉽지 않기 때문에 외국에서 목재를 수입하는 거지. 게다가 잔가지 같은 목재 부산물을 제때 치우지 못하면 산불이 일어날 수도 있어."

산림청은 2020년에 620건의 산불이 발생하여 1,119ha의 산림이 소실되었다고 발표했다.

"잔가지도 치워야 해요?"

가온이가 툭 끼어들며 물었다.

"그럼. 잔가지가 강으로 떠내려가면 물이 오염되거든."

할아버지는 목재 부산물을 이용하여 숯을 만들어 쓰는 바이오차(biochar)에 대해 알려주었다.

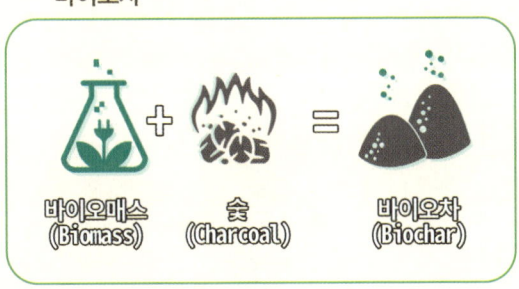

바이오차

바이오차는 목재나 식물의 잔재물을 산소가 거의 없는 350℃ 이상 고온 상태에서 만든다. 열분해로 생성된 바이오차는 공기 중으로 방출되는 온실가스양을 감소시켜 주는 탄소흡수원이다. 바이오차를 농업 분야에 활용하면 이산화탄소, 메탄, 아산화질소 등의 배출량을 감소시킬 수 있다. 왕겨 바이오차 1톤을 땅에 뿌릴 경우, 1.44톤 가량의 이산화탄소를 줄일 수 있다. 토양 산성화를 방지하는데 석회보다 30% 더 높은 효과가 있으며, 토양 속 영양분을 흡착해 식물이 양분을 쉽게 흡수할 수 있도록 생산성을 높여준다.

바이오차는 외관상으로는 일반 숯과 거의 비슷하지만, 탄소 저장에 탁월할 효과가 있다.

"보조 배터리 있어?"

연우가 촬영을 멈추고 물었다. 아무도 가져온 사람이 없었다. 온종일 촬영을 했더니, 배터리가 없어 스마트폰이 꺼지기 직전이었다.

"오늘 꽤 많이 찍었어. 동영상 3개는 만들 수 있겠네."

연우가 혼잣말하면서 촬영을 멈추었다.

"오늘 도움이 좀 되었냐?"

할아버지가 웃으며 아이들을 보았다.

"할아버지, 저는 이만큼 적었어요."

서윤이는 빽빽하게 적은 노트를 보여주었다.

"나무가 이렇게 좋은 건지 정말 몰랐어요. 다음에 저 혼자 와서 화분 100개 만들고 갈게요."

"저도요."

모두 경쾌한 목소리로 대답하며 환한 미소를 지었다.

할아버지와 함께 주변 정리를 하고 아이들은 가방을 둘러멨다.

가온이는 길을 가면서도 아쉬운 듯 뒤를 계속 돌아보았다. 할아버

지가 아이들을 바라보며 손을 흔들었다. 가온이는 잠시 멈춰 몸을 뒤로 돌렸다.

"어?"

할아버지가 있던 자리에 아름드리 한 그루가 있었다. 믿을 수 없었다. 눈을 비비며 다시 살폈다. 순식간에 아름드리가 사라지고 할아버지가 가온이를 보며 손을 또 흔들었다. 마치 뿌리 깊은 나무 한 그루가 하늘을 받치는 것처럼 할아버지가 우뚝 서서 제자리를 지켰다. 봄바람이 솔솔 불어왔다.

5월 31일
바다의 날

4장

바다는 거대한 흡수원

 바다에서 자라는 나무

"오! 믿을 수가 없어. 우리 기사가 모두 채택되다니!"

"SNS 홍보 점수도 받았잖아. 이번 달 우수 기자로 뽑힐까?"

넷은 점심을 먹고 휴게실에 모여 어제 홈페이지에 올라온 공지에 대해 이런저런 얘기를 주고받았다.

"이렇게 계속하면 올해 크리스마스는 해외에서 보낼 수 있겠는걸. 히히."

연우가 싱글벙글 웃으며 입을 다물지 않았다. 연말 우수 기자에 뽑힌 5명은 지난 겨울방학에 유럽을 다녀왔다.

"맞아. 탐방 기사 보고 얼마나 부럽던지. 우리 열심히 해서 꼭 가자. 자, 그런 의미에서 파이팅 한번 외치고 시작할까?"

가온이의 얘기에 모두 손을 내밀었다. 큰 소리로 '화이팅!'을 외치고, 머리를 맞대어 4월 기삿거리에 대해 고민을 시작했다.

"며칠 뒤에 식복일 행사에 가잖아. 이건 기사로 쓰지 말고 동영상으로 만들면 좋겠어."

연우가 먼저 얘기를 꺼냈다.

"왜? 특별한 이유가 있어?"

가온이가 입술을 깨물며 연우를 바라보았다. 연우는 1년간의 기자단 경험을 떠올리며 얘기를 쏟아냈다. 식목일 행사에 다녀오면, 4월에는 나무에 관한 기사가 많이 쏟아질 것이다. 비슷한 내용이 많으면, 경쟁은 치열해진다. 3월 기사만 봐도 제출한 기사 대부분이 탄소포집·저장·활용(CCUS)이었다. 100명도 넘는 기자가 같은 주제를 다루다 보니, 같은 주제 기사는 고작 몇 개밖에 채택되지 않았다.

"맞네. 연우 말처럼 조금 멀리 보고 써야 이번처럼 뽑힐 확률이 높아. 모두 비슷비슷하다면, 아주 잘 쓴 기사를 고를 거잖아. 다른 사람이 생각하지 못한 것을 골라야 해. 그렇다면 바다에 관한 기사를 준비하는 건 어때?"

"바다? 좋네!"

다민이가 손뼉을 치며 어깨를 들썩거렸다.

"바다?"

서윤이가 눈썹에 힘을 주면서 고개를 갸웃거렸다.

"왜? 넌 반대야?"

"아니, 그게 아니고……."

서윤이는 나무에 관한 기사를 쓰다가 발견한 맹그로브에 대해 얘기했다. 맹그로브는 바다에서 자랐다. 이것이 나무에 속하는지, 바다에 속하는지 조금 헷갈렸다.

맹그로브숲

"바다에서 나무가 자라?"

"신기한데? 소금물에서 어떻게 나무가 살 수 있어?"

가온이와 다민이가 고개를 흔들며 얘기했다.

"그러지 말고, 정리한 거 있으면 내일 가져와 봐. 보고 판단하자. 아직 시간이 좀 있잖아."

연우도 잘 모르겠는지, 짧게 말을 하면서 미소로 끝을 맺었다.

다음날, 서윤이는 깔끔하게 정리한 인쇄물을 가져왔다. 모두 편하게 자세를 잡고 인쇄물을 보았다.

"뭐! 나무가 이런 역할을 했다고?"

연우가 자료를 읽다가 깜짝 놀라며 물었다.

"너도 거기 2004년에 발생한 쓰나미 내용 보는 거 맞지?"

다민이도 눈을 동그랗게 뜨며 연우를 보았다.

2004년 12월 26일, 인도네시아 수마트라섬 서부 해안의 40km 지점에서 규모 9.1~9.3의 초대형 해저 지진이 발생하면서 20m 높이의 쓰나미가 인도양 일대를 덮쳤다. 227,000여 명의 사망자가 발생한 대규모 참사였다.

"맹그로브숲이 사라져서 피해가 이렇게 커졌다니……."

"맹그로브숲만 있었어도 이 정도까지 피해를 보지 않았을 거야."

연우 얘기에 서윤이가 차분하게 대답했다.

인류의 '기억'으로 남은 역사상 최악의 쓰나미

4. 바다는 거대한 흡수원

맹그로브숲이 없는 해안 지대는 태풍이 한 번 지나갈 때마다 2m씩 토양이 침식될 정도로 피해를 보았다.

"맹그로브숲이 있는 근처 지역은 피해가 적었대."

맹그로브숲이 태풍·쓰나미의 천연 방어벽 역할을 했기 때문이었다. 촘촘하게 거미줄처럼 엉킨 맹그로브 뿌리와 가지는 쓰나미 에너지를 거의 흡수해 소멸시켰다.

"맹그로브숲이 진짜 큰 역할을 했구나! 그런데 나무를 왜 뽑은 거야?"

가온이가 눈을 동그랗게 뜨고 서윤이를 바라보았다.

"모두 새우 때문이야."

서윤이는 기어들어 가는 목소리로 대답했다.

"뭐? 새우?"

조금 전, 급식 시간에 새우튀김이 나왔다. 모두 새우튀김을 좋아했다. 각자 받은 3마리도 모자라 한 마리 더 받으러 조리사에게 뛰어가는 아이도 있었다.

서윤이가 인쇄물을 넘겨 사진 몇 장을 보여주었다. 자주 보던, 아니 자주 먹던 새우였다. 흰다리새우와 블랙타이거 새우가 양식 새우의 80%를 차지했다.

"새우랑 맹그로브숲이랑 무슨 상관이 있어? 새우가 나뭇잎을 좋아해?"

다민이가 서윤이를 보며 조심스럽게 물었다. 서윤이의 표정이 어두웠다.

"아니, 맹그로브숲을 없애고 양식장을 만들어 새우를 키웠거든."

서윤이는 맹그로브숲에 대해 조금 더 자세히 알려주었다.

맹그로브는 강물과 바다가 만나는 강어귀와 해안가 등에서 자란다. 전 세계 맹그로브숲의 규모는 15만㎢로 한반도 면적의 2/3 정도 되었다. 1965년부터 2001년 사이 전 세계 맹그로브숲의 절반 정도가 사라졌다. 특히, 동남아 지역에서 맹그로브숲이 더 빠르게 사라졌다. 우리 식탁에 자주 오르는 흰다리새우와 블랙타이거 새우를 키우기 위해 양식장을 만들었기 때문이다.

맹그로브가 자라는 숲은 천연 영양분이 많아 새우 양식에 적합했다. 새우 양식장은 3~5년간 사용된 후 독성 물질이 쌓이고, 전염성 세균에 오염되어 대부분 폐쇄하고 새로운 맹그로브숲을 새우 양식장으로 또

동남아 새우 양식장과 흰다리 새우

동남아 새우 양식

흰다리 새우

천연 영양분이 많은 맹그로브숲은 새우 양식의 최적에 장소이다. 동남아 지역에서는 저렴한 비용으로 수출용 새우를 키우기 위해 맹그로브숲을 없애고 양식장을 세웠다. 1만㎡의 맹그로브숲이 파괴된 자리에서 생산되는 새우는 불과 0.5톤이다.

만들었다.

"결국 새우 때문에 수많은 사람이 죽고 피해를 본 거네."

연우가 씁쓸한 표정을 지으며 천천히 얘기했다.

"이것 좀 볼래?"

서윤이가 맨 뒷장에 있는 사진을 보여주었다. 며칠 전, 서윤이는 엄마와 장을 보러 대형할인점에 갔다. 식품관에서 해산물을 고르다가 블랙타이거 새우 홍보물을 보고 깜짝 놀랐다.

제품 포장지에도 당당하게 맹그로브숲에서 키웠다고 인쇄가 되어 있었다.

"맹그로브숲을 파괴했으면 사과는 못 할망정 너무 당당하게 자랑하는 것 같아."

"맞아. 알면서 이렇게 광고하는 건 범죄가 아닐까?"

"범죄가 아니라도 이것은 너무 비양심적이잖아. 너무 뻔뻔해!"

화가 난 듯 소리 높여 서로 한마디씩 내던졌다. 그러고는 누가 먼저 말한 것도 아닌데 모두 맹그로브숲에 관한 기사를 어떻게 써야 할지 고민했다. 연우는 동영상을 만들고, 가온이와 다민이는 카드 뉴스를 만들기로 결정했다. 기사는 당연히 서윤이의 몫이었다.

"이런 사실을 미리 알았다면, 소비자는 이런 제품을 절대 사지 않았을 거야."

가온이가 눈에 힘을 주며 얘기했다.

"맞아. 사지 않으면, 자연스럽게 팔지도 않겠지. 이런 사실을 많은 사람이 알게 되면, 언젠가는 맹그로브숲의 새우 양식장도 사라질 거야."

맹그로브숲

▍열대우림보다 5배 뛰어난 지구의 탄소 저장고

전 세계에 있는 맹그로브숲은 연간 약 2,280만 톤의 이산화탄소를 흡수한다. 아마존 숲과 더불어 지구의 탄소 저장고라 불린다. 2018년, 인도네시아의 환경산림부는 자국의 맹그로브숲 파괴 속도가 세계에서 가장 빠르다고 발표했다. 매주 축구장 3개 면적의 맹그로브숲이 사라지는 이유는 새우 양식 때문이다. 블랙타이거 새우는 세계적으로 수요가 많은 수산물이다. 먹는 사람이 많아질수록 맹그로브숲은 더 빨리 사라져 지구의 기후변화를 가속할 것이다. 무엇보다 지진·쓰나미 피해도 더 커질 것이다.

맹그로브숲을 보존하면 지킬 수 있는 위기의 동물

심각한 위기종	멸종 위기종	관심 위기종
자바코뿔소, 피그미세발가락나무늘보	뱅갈호랑이, 코주부원숭이	인도악어

팔루와 동갈라 지역도 맹그로브숲이 대거 훼손·파괴되어 지진·쓰나미로 피해가 가장 큰 곳 중 하나이다. 세계자연보전연맹(IUCN)은 2010년 생물 다양성 전략계획을 채택해 2020년까지 전 세계 맹그로브숲의 손실 비율을 현재의 절반 수준으로 감소하는 목표를 제시했다. 유네스코는 매년 7월 26일을 '국제 맹그로브 생태계 보전의 날'로 지정하고 위기에 처한 맹그로브숲을 알리고 있다. 맹그로브 파괴로 몸살을 앓고 있는 베트남, 스리랑카, 인도네시아 등 동남아 10개국은 현재 '미래를 위한 맹그로브' 프로젝트를 통해 숲 복원에 나섰다. 세계 최대 맹그로브숲이 있는 방글라데시 순다르반스 지역의 맹그로브 복원사업은 '아시아의 허파 재생'으로 주목받았다.

맹그로브숲의 이산화탄소 흡수량은 같은 면적의 열대우림보다 5배 뛰어나다는 보고가 있다. 침엽수나 활엽수림은 조성하는데 50~100년이 걸리지만, 맹그로브숲은 심어 잘 관리하면 단 몇 년 만에 울창한 숲을 조성할 수 있을 정도로 성장 속도가 빠르다.

바다식목일에는 무엇을 심을까?

 4월 첫 주 토요일, 어린이 기자단은 나무를 심으러 서울숲에 갔다. 단장님이 묘목 하나를 들고 나무 심는 요령을 직접 설명해주었다. 모두 묘목 하나씩 받아 지정된 장소로 흩어졌다. 아이들은 나무를 심기보다 사진 찍는 데 더 열중했다.
 "야, 저것 좀 봐."
 다민이가 카메라를 들고 돌아다니는 아이를 가리켰다. 행사에 참여한 학생이 어림잡아 150명은 넘어 보였다.

 연우 말처럼 4월에는 나무 심는 기사를 많이 쓸 것 같았다.
 가온이는 곁눈질로 쓱 한번 쳐다보고는 삽질을 계속했다. 구멍이 점점 커졌다. 새끼줄로 묶인 뿌리가 충분히 들어갈 수 있을 만큼 넓고 깊었다. 나무를 넣고 조심스럽게 흙을 덮었다. 조금 뒤로 물러나 나무가 똑바로 섰는지 다시 한번 살펴

나무 심기

보았다. 그러고는 뿌리가 보이지 않도록 흙을 덮고 평평하게 땅을 밟았다.

"이제 176그루 심었네!"

가온이가 흐뭇한 표정을 지으며 손을 털었다. 다민이도 나무 심기를 끝내고 슬쩍 옆으로 다가왔다.

"모두 자료 조사 다 끝났지?"

"당연하지. 내가 진짜 끝내주는 자료 하나를 찾았는데 뭔지 알려줘?"

가온이가 당당하게 얘기하며 방긋 웃었다.

"나도 하나 찾았는데."

다민이도 자랑하듯 얼른 대답했다.

"뭔데?"

가온이는 고개를 실룩거리며 다민이를 바라보았다.

"쉿, 누가 들으면 어쩌려고. 우리끼리 있을 때 얘기하자."

연우가 잔소리하듯 가온이와 다민이에게 눈치를 주었다.

나무 심기 행사가 끝나고, 넷은 지하철역에서 내렸다.

"우리 분식집에 가서 떡볶이 먹으면서 얘기할래?"

연우가 장난치듯 얘기하며 지갑을 흔들었다.

"네가 쏘는 거야?"

서윤이가 잽싸게 물었다.

"당연하지."

연우와 아이들은 바로 앞에 있는 '빨간 떡 하얀 치즈' 간판이 붙은 가게로 들어갔다. 연우가 주문을 하고 의자에 앉았다.

"끝내주는 자료가 뭐야?"

다민이가 물을 마시며 가온이에게 물었다.

"넌 뭔데? 너부터 얘기해봐."

다민이가 먼저 얘기를 시작했다. 연어 양식에 대한 이야기였다.

얘기가 끝날 즈음 떡볶이가 나왔다. 하얀 치즈 아래 숨은 떡이 삶은 달걀과 노란 어묵에 어우러져 먹음직스럽게 보였다. 가온이는 콜라가 먹고 싶었지만, 조용히 일어나 얼음만 받아왔다.

"먹자."

포크와 젓가락이 그릇 위에서 잠시 전투를 벌였다. 한가득 쌓여 있

노르웨이 연어 양식장

우리나라에서 수입하는 연어는 대부분 노르웨이산이다. 노르웨이에 있는 피오르(fjord)는 빙하가 이동하면서 침식해 생긴 U자 형태의 깊은 바다 계곡인데, 이곳은 물이 차갑고 깊어 연어를 기르기에 최적의 장소이다. 노르웨이 연어는 대부분 피오르에서 가두리 양식으로 키운다.

이런 양식장이 노르웨이 서북부해안에 적어도 수천 개가 있다. 양식장 연어는 폐사 가능성이 커서 항생제와 살충제를 뿌려 관리한다.

양식의 가장 큰 문제는 연어가 먹는 사료이다. 연어 체중 1kg을 늘리기 위해 사료 3kg 정도가 필요하다. 전 세계 바다에서 잡은 물고기의 1/3이 연어 사료로 쓰인다. 물고기를 대량으로 잡게 되면, 먹이사슬이 무너져 해양생태계에 균형이 깨질 수 있다. 또, 연어 양식장에서 사용하는 사료, 항생제, 살충제, 연어 배설물로 인해 바다가 오염된다.

던 떡볶이가 순식간에 사라졌다. 하얀 접시 위에 남은 시뻘건 자국만이 전투의 치열함을 알려주었다. 모두 아쉬운 듯 빈 그릇에서 눈을 떼지 못했다.

연우가 먼저 다민이의 얘기에 대해 자기 생각을 말했다.

"참신하지만, 연어 양식은 탄소중립과는 조금 거리가 있는 것 같아. 5월 미디어 캠프 다녀와서 기사로 쓰는 게 좋겠어. 생물종 다양성 관점에서 말이야."

"역시!"

다민이는 연우 얘기를 듣고 고개를 끄덕였다.

"가온이 너도 뭘 하나 찾았다며?"

"음. 네 거보다 조금 약한데……."

가온이는 얘기하면서도 목소리가 점점 줄어들었다.

"빨리 얘기해. 궁금하잖아."

서윤이가 초롱초롱한 눈으로 가온이를 애타게 바라보았다.

가온이는 바다식목일에 관해 얘기했다. 4월 5일 식목일에 관한 자료를 찾다가 우연히 바다식목일에 대해 알게 되었다.

"그게 언제인데?"

다민이가 태연한 표정으로 물었다.

"5월 10일."

"뭐? 그럼 그날이 그날이었어?"

가온이의 대답에 서윤이가 조금 놀라는 눈빛으로 얘기했다. 5월 미디어 캠프 일정과 바다식목일이 같기 때문이었다.

"다 계획이 있었구나."

4. 바다는 거대한 흡수원

다민이는 빙그레 웃으며 고개를 끄덕였다.

가온이가 바다식목일에 대해 얘기했다.

"좋은데."

가온이의 얘기에 서윤이가 환한 미소를 지었다. 하지만 이번에도 연우가 고개를 갸웃거렸다.

"왜! 별로니?"

다민이가 동그랗게 눈을 뜨며 연우를 바라보았다.

"아니, 좋은데 기사로 쓰기에는 양이 적은 것 같아서. 이건 자료 조사를 더 해서 이번 달 기사로 쓰자!"

연우 얘기에 가온이는 기분이 좋아졌다. 또 하나 준비한 게 있기 때문이었다.

"여기까지 1탄이었고, 2탄도 준비했는데."

모두 깜짝 놀라며 가온이를 쳐다보았다. 가온이는 물을 조금 들이켜면서 다시 얘기를 시작했다. 가온이는 환경 기념일에 대해 알려주었다. 혼자 조사한 기념일만 해도 서른 개가 넘었다.

"그렇게나 많아?"

가온이의 얘기를 듣고 서윤이가 깜짝 놀라며 입을 쩍 벌렸다.

"찾아보면 더 있을 거야."

바다식목일뿐만 아니라 푸른 하늘의 날, 화학조미료 안 먹는 날, 세계 차 없는 날, 아무것도 사지 않는 날 등 꽤 많았다.

"아무것도 사지 않는 날? 재미있네. 근데 이걸로 뭘 한단 말이야?"

다민이는 얘기하면서 가온이를 물끄러미 바라보았다.

가온이는 종이 한 장을 꺼내 뭔가 그리기 시작했다. 환경 기념일 달력이었다.

서윤이가 달력에 들어가는 그림을 그리고, 나무 받침대는 나무 박사님한테 부탁할 계획이었다. 나무 화분을 만들고 나면 버리는 나뭇 조각이 많았다. 이것을 재활용하면 나무 받침대를 만들 수 있었다. 이렇게 만들어 팔면 돈도 벌 수 있고, 나무도 사용할 수 있고, 환경도 살릴 수 있다는 얘기를 좔좔 읊어댔다.

"이게 필요할까?"

다민이가 입을 실룩거리면서 물었다.

"가만히 잘 생각해 봐. 식목일에 나무 한 번 심고 나면, 대부분 환경 보호를 했다고 생각하고 잊어버리잖아. 하지만 이런 달력이 있으면 1년에 30번 이상은 환경에 관한 생각을 하지 않을까? 자주 실천해야 습관이 되지."

가온이의 얘기에 모두 활짝 웃으며 손뼉을 쳤다. 모두 환경 기념일 달력 만들기에 도전해 보기로 뜻을 모았다.

바다식목일

바다숲

바닷속에 해조류를 심는 날이며, 바닷속 생태계의 중요성과 황폐화의 심각성을 알리기 위해 제정된 국가기념일이다.

해조류란, 바다에 사는 조류(藻類)를 뜻하며 바닷말이라고도 부른다. 조류는 육상식물을 제외한 모든 광합성 생물을 말한다.

우리 바다는 갯녹음에 시달리고 있다. 갯녹음이 심해지면, 바다숲이 사라지고, 연안 생태계가 파괴되어 수산자원이 감소한다. 육상의 산림이 이산화탄소 흡수원인 것처럼 바다의 해조 숲도 이산화탄소를 흡수하여 저장한다. 해조류는 육상의 숲과 마찬가지로 광합성을 통해 이산화탄소를 고정하고 유기 탄소로 저장한다. 실제 육상의 숲보다 바다숲이 이산화탄소를 훨씬 더 많이 흡수하고 저장한다.

해양 조림은 육상 조림과 비교해 장점이 많다. 땅이 필요 없고, 물과 비료도 사용하지 않는다. 일반적으로 하천과 가까운 바다는 영양분이 많아 해조류가 자라기 좋은 장소이다. 강에서 흘러나온 과도한 영양분을 흡수하여 적조를 막아 수질 정화에 도움이 된다.

육상에서 숲이 울창하게 자라기까지 적어도 30년이 필요하지만, 육지 근처의 바다에서 바다숲을 만드는 데 3년이면 충분하다.

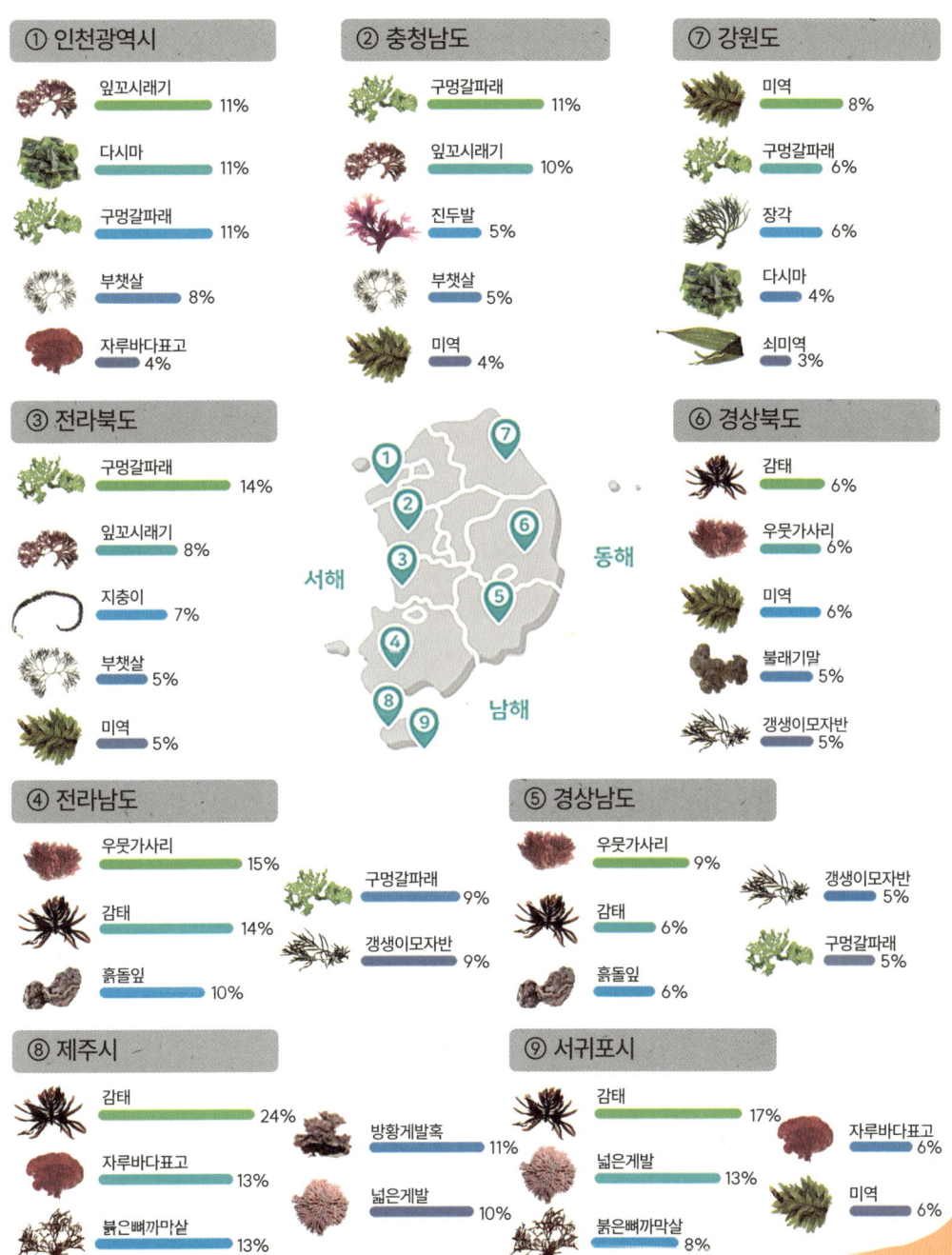

가장 많은 탄소를 저장하는 블루카본

넷의 일상이 달라졌다. 점심시간마다 모여 토론을 하고, 시간이 날 때는 집에서 자료를 찾았다.

수업이 일찍 끝난 날, 셋은 서윤이의 집으로 몰려갔다. 가온이는 대문을 들어서자마자 개나리부터 살폈다.

"잘 자라는군."

몇 주 만에 키가 쑥 자라고, 잎도 더 생겨난 것 같아 기분이 좋았다. 집안으로 들어서자 서윤이 엄마가 모두를 반갑게 맞이했다.

"이거 무슨 냄새지?"

서윤이가 킁킁거리며 코를 실룩거렸다.

"피자 구워. 5분만 기다려."

서윤이 엄마의 대답에 모두 함박웃음을 지었다. 넷은 피자를 먹고 4월 기사에 관해 얘기했다. 이번 주까지 기사를 제출해야 하기 때문이었다.

"내 기사 자료 좀 봐줄래. 뭔가 좀 허전한 것 같아."

다민이는 자기가 정리한 내용을 뚫어지게 보면서 울상을 지었다. 해조류에 관한 내용이었다. 연우가 다민이의 글을 살펴보고 사진을 몇 장을 추가하라고 얘기했다.

"나도 사진이 필요하다고 생각했어. 그런데 저작권 때문에 아무 사진이나 쓸 수 없잖아."

"맞네."

연우가 고개를 끄덕이며 다민이를 물끄러미 쳐다보았다.

"내가 한번 볼게."

이번에는 서윤이가 읽었다. 잠시 생각을 하다가 벌떡 일어났다.

"좋은 방법이 있어. 잠시만 기다려 봐."

세계 3대 연안 생태계
- 잘피 숲, 맹그로브숲, 산호초

해조 숲 군락 중 하나인 잘피 숲만 보더라도 해조류가 지구온난화 방지 및 탄소중립 실현을 위해 얼마나 중요한지 알 수 있다.

잘피(sea grass)는 바닷속에 사는 여러해살이풀이다. 다시마, 미역 등의 해조류와는 달리 잘피는 육지의 식물처럼 잎, 줄기, 뿌리가 있다. 약 60여 종의 잘피가 전 세계의 해안에 분포하며, 우리나라 연안에는 거머리말(Zostera marina)이 많다.

잘피는 해양식물 중 유일하게 뿌리로 영양을 흡수하고 햇빛을 이용하여 꽃을 피우며 수심이 얕은 바다의 펄이나 바위에 붙어 자란다. 잘피 숲은 해양생물의 산란처와 서식지를 제공하며, 광합성 작용을 통해 이산화탄소를 흡수하면서 해양생물의 호흡에 필요한 산소를 공급한다. 잘피 숲은 연안 환경을 정화하고 적조를 예방하는 등 해양에서 발생하는 환경 문제 해결에도 큰 도움을 준다.

잘피 숲

맹그로브숲

산호초

거머리말

서윤이는 엄마가 일하는 방으로 쏙 들어갔다. 잠시 후 밝은 표정을 지으며 방에서 나왔다.

"우리 엄마가 그림 그려주신대. 3개면 충분하겠지?"

서윤이의 말에 어두웠던 다민이의 표정이 금세 밝아졌다.

"내 것도 좀 봐줘. 해조 숲의 역할을 조사해서 넣어봤어."

가온이가 제법 큰 소리로 얘기하며 조사한 자료를 보여주었다.

"좋은데. 이제 기사 쓰면 되겠어."

"사진도 잘 구했네."

연우와 서윤이는 가온이의 자료를 보고 얘기했다. 방문이 스르륵 열리며 서윤이 엄마가 거실로 나왔다.

"서윤아, 이렇게 그리면 될까?"

엄마가 스케치를 보여주었다. 색칠만 하면, 사진보다 더 효과적일 것 같았다. 다민이는 너무 좋아 입이 다물어지지 않았다.

"너무 좋아요."

"알았어."

서윤이 엄마가 씩 웃으며 안으로 들어갔다.

이번에는 서윤이가 조사한 자료를 보여주었다. 카드 뉴스를 만들기 위해 정리한 자료였다.

4. 바다는 거대한 흡수원

"와! 진짜 깔끔하게 정리했는걸."

"탄소에도 이름이 있었네. 블랙카본, 그린카본, 블루카본. 하하."

"블랙카본은 나쁜 놈, 그린카본, 블루카본은 좋은 놈이네."

모두 한마디씩 얘기하며 칭찬을 아끼지 않았다.

"사실, 나도 블루카본이 가장 많은 탄소를 저장한다는 사실을 알고 깜짝 놀랐어."

서윤이가 말하는 것은 블루카본이 탄소를 많이 저장하는 원리였다. 이산화탄소가 갯벌이나 바다 토양에 들어가면 뻑뻑한 진흙에 갇혀서 대기 중으로 나올 수 없었다. 게다가 산소가 차단되어 유기물을 분해하는 박테리아가 호흡하지 못해 이산화탄소가 방출되지 않았다.

서윤이의 자료를 보다가 가온이가 울상을 지으며 고개를 푹 숙였다.

"지금까지 내가 너무 무식했어. 나무를 심을 게 아니라 잘피를 심어야 했는데."

가온이가 슬픈 목소리로 얘기하면서 우는 시늉까지 하자, 모두 깔깔거리며 뒤로 넘어갔다.

"가온이는 역시 못 말린다니까. 다음 달 미디어 캠프때 바다에 가면 잘피 심는다고 또 난리를 치겠군."

연우가 세차게 고개를 흔들며 눈을 지그시 감았다.

4월 마지막 주 토요일이었다. 기자단 교육에 참석한 아이들 표정이 모두 해맑았다. 박경숙 팀장이 마이크를 잡고 앞으로 나왔다. 간단한 인사를 하고. 다음 주 떠나는 미디어 캠프에 대해 이야기했다. 마지막으로 큰 화면에 4월 채택 기사를 보여주었다.

"어! 이번에는 미리 알려주는 거야?"

가온이가 혼잣말하면서 앞을 보았다.

"오! 있어."

뒤에 있던 다민이도 폴짝폴짝 뛰면서 앞을 가리켰다. 이번에도 넷의 기사가 모두 채택되었다.

"기사 하나를 보여드릴게요."

팀장이 얘기하면서 가온이가 쓴 기사를 화면에 띄웠다. 바다식목일에 관한 기사였다.

"미디어 캠프는 5월 9~10일입니다. 바로 5월 10일이 바다식목일입니다."

4. 바다는 거대한 흡수원

팀장은 바다식목일에 대해 얘기하면서 미디어 캠프를 바닷가로 가는 이유까지 알려주었다.

"쟤는 천재야?"

"저걸 어떻게 알았지?"

주변 아이들이 웅성거리며 한마디씩 던졌다. 처음 들어보는 환경 기념일을 기사까지 써냈으니 모두 혀를 내두르며 놀라워했다.

"또 하나 보여드릴 게 있어요."

팀장이 얘기하면서 다음 화면으로 넘겼다.

"어?"

연우가 깜짝 놀라면서 입을 쩍 벌렸다. 서윤이가 만든 카드 뉴스였다.

"그림까지 넣어서 깔끔하게 정리를 참 잘했죠? 여러분의 이런 노력이 아마도 우리 지구를 더 건강하게 만들어줄 거라 확신합니다. 카드 뉴스 누가 만들었죠? 자리에서 일어나보세요."

서윤이가 조심스럽게 일어났다. 팀장이 먼저 박수를 쳤다. 모두 함성을 지르며 서윤이에게 박수를 보냈다.

팀장은 서윤이가 만든 카드뉴스를 화면에 띄우고 카본의 종류에 대해 설명을 덧붙였다. 다음 주 떠나는 미디어 캠프와도 관련 있는 내용이었다.

탄소 삼형제

탄소는 원자번호 6번의 원소이다. 똑같은 탄소이지만, 환경 관점에 따라 블랙카본, 블루카본, 그린카본으로 나눌 수 있다.

석탄과 석유처럼 지하에 묻힌 화석연료에 들어 있는 탄소이다. 화석연료를 태우면 이산화탄소 같은 온실가스가 발생하는데 이것을 블랙 카본이라 부른다. 자동차, 공장, 발전소에서 화석연료를 태울 때 발생한다.

숲, 나무, 열대우림 같은 육상 생태계가 흡수한 탄소이다. 나무는 광합성을 통해 공기 중의 이산화탄소를 흡수하고, 산소를 내뱉는다. 이때 흡수하는 이산화탄소를 그린카본이라 부른다. 무분별한 개발, 벌채, 산불, 기후변화 등에 의해 산림이 사라지면 그린카본의 흡수량도 줄어든다.

해양생태계가 흡수하는 탄소이다. 바다에 서식하는 산호초, 어패류 같은 생물, 염습지에서 자라는 염생식물, 바닷가에 인접한 숲 등에서 탄소를 흡수한다. 블루카본은 탄소의 흡수 속도가 육상 생태계인 그린카본보다 최대 50배 이상이 빠르고, 수천 년 동안 탄소를 저장할 수 있다. 대표적인 블루카본으로는 맹그로브숲, 염습지, 잘피림 등이 있다. 특히 맹그로브숲은 탄소 흡수량이 일반 밀림보다 5배 이상 높다. 무분별한 연안 개발과 해수면 온도 상승 등으로 인해 해양생태계가 파괴되면서 블루카본이 사라진다.

국립해양생물자원관

4월이 훌쩍 지나고, 드디어 미디어 캠프를 떠나는 날이었다.

신문사 앞에 고속버스 4대가 줄지어 서 있었다. 아이들은 도착하자마자 조 편성을 하고 목에 거는 이름표를 받았다. 버스 안에서는 같은 모자를 쓰고, 같은 색의 조끼를 입어 누가 누군지 구분하기 힘들기 때문이었다.

버스가 크르릉 소리를 내며 출발했다. 쭉 뻗은 고속도로를 씽씽 달려 충남 서천군에 있는 국립해양생물자원관 앞에 도착했다. 인원이 많아 한꺼번에 관람과 설명이 불가능했다. 1~2호 차에 탄 아이들이 먼저 관람하고, 나머지 아이들은 갯벌로 향했다.

넷은 줄을 맞춰 1호차에서 내렸다. 엄청나게 큰 건물이 바로 앞에 우뚝 서 있었다. 마치 큰 고래 한 마리가 바다에서

국립해양생물자원관 전경

헤엄치는 것 같은 모습이었다.

"와! 진짜 크다."

모두 건물을 보면서 감탄했다.

모두 4층으로 올라갔다. 자원관은 4층부터 보면서 아래층으로 내려오는 구조였다. 전시해설사가 아이들을 반갑게 맞이했다.

"안녕하세요. 국립해양생물자원관에 오신 것을 환영합니다. 이곳에는 다양한 해양생물이 전시되어 있습니다. 지구 생물 80%는 바다에 삽니다. 하지만 우리는 오직 1%만 알고 있습니다. 지금부터 저와 함께 바다에 어떤 생물이 어떻게 사는지 살펴보겠습니다."

전시해설사가 마이크를 잡고 얘기하면서 움직였다. 제일 처음 들어간 곳은 '다양성월'이라는 공간이었다. 바다의 탄생부터 바다에 사는 대표적인 해양생물이 전시되어 있었다.

"여기 전시된 모형은 모두 실제 생물로 만든 박제 표본이에요. 딱, 하나만 빼고요."

해설사 얘기에 아이들이 눈을 크게 뜨고 주변을 살폈다. 실제랑 똑같이 만들어 어떤 게 진짜인지 가짜인지 구별할 수 없었다.

"선생님, 혹시 저거인가요?"

맨 앞에 서 있던 아이가 플랑크톤을 가리켰다.

"맞아요. 플랑크톤은 너무 작아서 눈에 보이지 않거든요. 그래서 크게 만들어 놓았습니다."

4. 바다는 거대한 흡수원

'다양성월'에서 설명이 끝나고 다음 공간으로 이동했다. 이곳은 해조류를 전시했다. 미역, 새우말, 방사무늬돌김, 거머리말 등을 보며 지나갔다. 다음 공간은 무척추동물이었다.

"저건 처음 봐."

아이들이 해면동물을 보고 쑥덕거렸다. 모양도 이상했다. 바로 옆에 산호가 있었다.

"와! 산호다. 너무 예뻐."

분홍바다맨드라미   큰수지맨드라미   가시수지맨드라미

"맨드라미가 붙은 산호 이름도 있네! 진짜 예쁘다. 바다에 피는 꽃 같아."

아이들은 분홍바다맨드라미, 큰수지맨드라미, 가시수지맨드라미처럼 맨드라미가 붙은 산호를 뚫어지게 바라보았다.

해설사는 산호에 대해 자세히 설명해주었다.

산호

해조류와 마찬가지로 산호 역시 해양에 산소를 공급해 주는 중요한 흡수원이다. 산호초가 바다에서 차지하는 면적은 0.2% 정도밖에 되지 않지만, 바다 생물의 25% 정도가 산호초와 관련을 맺으며 산다. 산호초는 바다에서 육상의 열대우림처럼 이산화탄소를 줄이고 산소를 만들어 지구온난화를 막는 데 중요한 역할을 한다. 지구상에는 2,500여 종의 산호가 있고, 우리나라에는 137종의 산호가 서식한다.

위기의 생물 – 해송

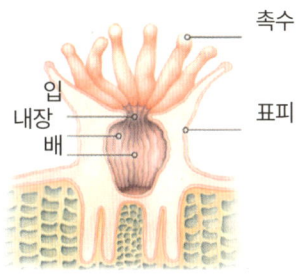

산호의 구조

산호는 촉수로 다른 생물을 잡아먹고 사는 자포동물이다. 자포동물은 산호 외에도 히드라, 말미잘, 해파리와 같은 생물이 있다.

산호의 가장 작은 단위는 폴립(polyp)이다. 산호는 수많은 폴립이 모여 하나의 군체를 이룬다. 산호는 한자리에서 고착생활을 하며 촉수로 먹이를 잡아 영양분을 충족하지만, 영양 섭취에 한계가 있어서 폴립 속의 조류와 함께 공생한다. 산호는 공생 조류에게 살 곳과 이산화탄소 등을 제공하고, 공생조류는 광합성을 통해 산호에게 영양분을 제공한다.

산호는 알록달록한 색을 띠지만, 이것은 산호 본래의 색이 아닌 공생 조류의 색깔이다. 건강한 산호는 황록공생조류로 인해 갈색을 띠게 된다. 형형색색의 산호로 보이는 이유는 산호가 가진 형광 단백질과 반사 단백질의 작용으로 나타나는 색깔 때문이다.

산호의 광합성

건강한 산호가 조류와 공생하는데 최적의 온도는 20~28℃이다. 산호의 조직 안에 있는 황록공생조류는 광합성을 하면서 유기물을 만들어 산호 숙주에 넘겨준다. 이산화탄소와 영양분은 산호와 황록공생조류 사이에 순환된다.

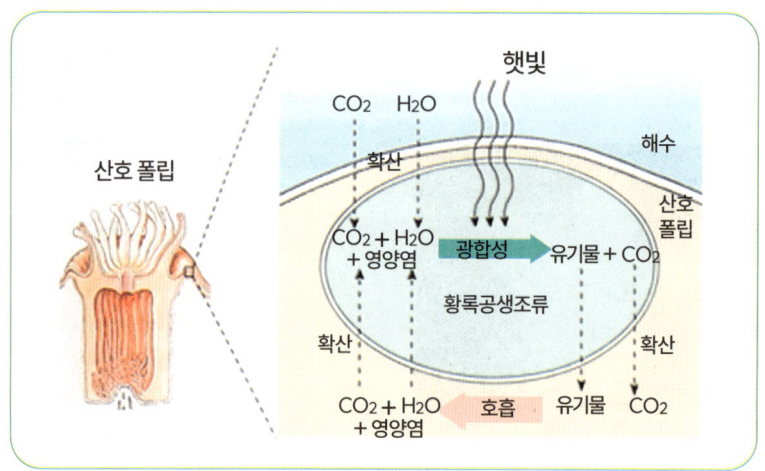

황록공생조류의 광합성

해수 온도가 29~30℃ 이상 상승할 경우 산호는 몸 안의 황록공생조류를 밖으로 배출한다. 조류가 사라지면, 산호는 영양 부족으로 죽게 되고 몸을 지탱하던 석회질만 남아 하얗게 변해버린다. 이것을 '산호의 백화현상'이라 부른다.

산호초 주변에는 수많은 해양생물이 서식한다. 산호초는 작은 해양 생물에게 포식자를 피해 숨는 안식처이자 생활공간이다. 또한, 산호는 육지의 나무와 같은 존재로서 '바다의 허파'라고 불릴 정도로 많은 양의 산소를 공급한다.

산호의 백화현상은 단지 산호의 죽음으로 끝나지 않고 바다 생태계의 파괴까지 예상할 수 있다. 2019년 5월 유엔 생물 다양성 과학기구 총회에서 채택한 보고서에 전 세계 산호초 33%가 멸종 위기에 처해 있다고 발표했다.

산호 숲은 잘피 숲, 맹그로브숲과 함께 세계 3대 연안 생태계로 불린다.

"여러분, 산호가 왜 중요한지 알겠죠? 산호초에 백화현상이 일어나면, 주변 생물까지 살 수 없어요. 산호초는 바다 전체의 0.2%밖에 되지 않지만, 바다 생물의 1/4이 산호 숲에서 살거든요."

아이들은 해설사의 설명을 들으며 고개를 끄덕였다.

다음 공간은 연체동물이었다.

"굴, 고둥, 전복, 조개도 연체동물이에요?"

아이들은 전시 생물을 보면서 질문했다. 문어, 오징어만 연체동물인 줄 알았는데 굴, 고둥, 전복, 조개 등도 연체동물인 것을 알고는 조금 놀랐다. 뒤로 갈수록 큰 물고기가 나왔다.

"맨 마지막에는 고래가 나오는 거 아냐?"

"설마, 여기 고래가 있겠어?"

아이들은 수다를 떨면서 전시물을 보았다. 4층 관람이 거의 끝날 무렵, 길이 끝나면서 어른 키 높이만 한 난간이 보였다. 난간 뒤 공중에 커다란 뼈로 만든 전시물이 걸려있었다. 해설사가 앞으로 다가가 공중을 가리켰다. 고래 뼈 모양을 그대로 재현한 모형이었다. 범고래, 참고래, 보리고래, 혹등고래였다.

"와! 진짜 고래는 없지만, 고래 뼈는 있네."

모두 신기한 듯 고래 뼈를 쳐다보며 눈을 떼지 못했다.

에스컬레이터를 타고 아래로 내려가 가까이에서 고래 뼈를 관찰했다. 벽에는 실제 크기의 대왕고래가 그려져 있었다.
　2층 바다극장에서 짧은 고래 영화를 감상하고 교육실에 모두 모였다.
　"여러분, 고래가 엄청나게 많은 이산화탄소를 저장한다는 사실 알고 계신가요?"
　해설사가 아이들을 보며 물었다.

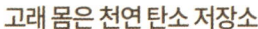
고래 몸은 천연 탄소 저장소

고래는 숨을 쉴 때마다 엄청난 양의 이산화탄소를 몸속에 저장한다. 고래 몸속의 지방과 단백질 사이에 이산화탄소를 겹겹이 쌓아두기 때문이다. 덩치가 큰 고래 한 마리가 살아있는 동안 무려 33톤의 이산화탄소를 흡수하며, 죽어서도 바다 밑에 가라앉아 수백 년간 탄소를 저장한다.
　나무 한 그루가 평생 흡수하는 이산화탄소량이 대략 22kg인데, 대형 고래 한 마리가 저장하는 33톤은 나무 1,500그루와 맞먹는다. 그뿐만 아니라 고래 배설물은 식물성 플랑크톤의 성장을 도와준다. 플랑크톤이 광합성을 하면서 탄소를 흡수하고 산소를 배출하는데, 여기서 나오는 산소의 양이 상당하다. 지구 전체 산소의 절반이라는 연구 결과도 있다.

"진짜요?"

"고래가 나무예요? 이산화탄소를 흡수하게……."

모두 장난치듯 얘기하면서 고개를 흔들었다. 해설사는 고래가 이산화탄소를 저장하는 원리를 설명했다.

"바다가 숲보다 더 많은 이산화탄소를 흡수한다는 사실을 알고 있나요?"

해설사가 아이들과 눈을 맞추면서 물었다.

"네."

몇몇 아이만 대답했다. 해설사는 바다가 이산화탄소를 저장하는 3가지 원리에 대해 알려주었다. 아이들은 설명을 들으면서 바다와 해양생물이 왜 중요한지 알게 되었다.

바다가 이산화탄소를 저장하는 3가지 원리

1. 용해 펌프

대기 중 이산화탄소가 바닷물에 녹는 것을 말한다. 바다는 대기 중 이산화탄소의 약 1/4을 흡수한다. 이산화탄소가 물에 녹는 원리는 대기와 해양의 이산화탄소의 농도 차에 의한 이동 때문이다. 즉, 대기의 이산화탄소 농도가 해양 표면보다 높아지면, 대기에 있는 이산화탄소가 바닷물에 녹으며 이동한다. 반대로 해양 표면의 이산화탄소 농도가 높아지면 대기로 방출된다. 그 외 바람 세기, 해수 온도 및 염분 등이 영향을 미친다.

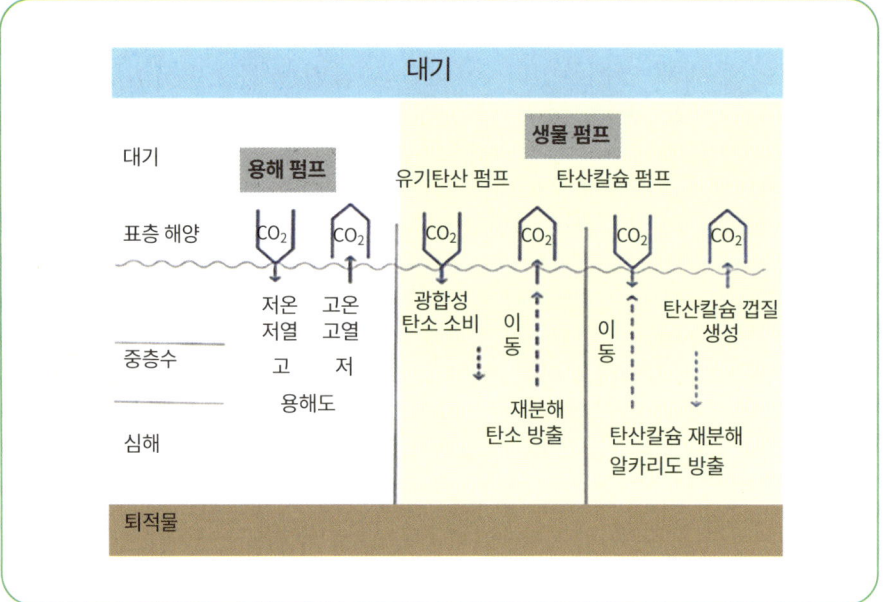

2. 생물 펌프

바닷물에 녹은 이산화탄소가 식물성 플랑크톤, 유공충(단세포 생물), 고래 같은 생물에 의해 깊은 곳으로 이동하는 것을 말한다. 식물성 플랑크톤은 광합성을 하면서 무기 탄소를 유기물로 변화시키고, 바다의 먹이사슬을 따라 이동하면서 유해나 배설물로 심해에 가라앉는다. 1,000m 정도 내려가면 유기물 대부분은 산화·분해되고, 극히 일부분의 유기물만 해저에 도달한다. 유공충과 같은 생물도 껍질을 만들 때 탄소를 사용한다. 유공충이 죽어 가라앉으면서 탄소가 심해에 저장된다. 고래 역시 죽으면서 엄청난 양의 이산화탄소를 가지고 심해에 가라앉는다.

3. 역학 펌프

바닷물에 녹은 이산화탄소가 위에서 아래로 움직이는 해수를 따라 이동하는 것을 말한다. 주로 극지방 같은 곳의 심층수(심해 200m 아래 깊은 바다에 있는 물)가 형성되는 지역에서 일어난다.

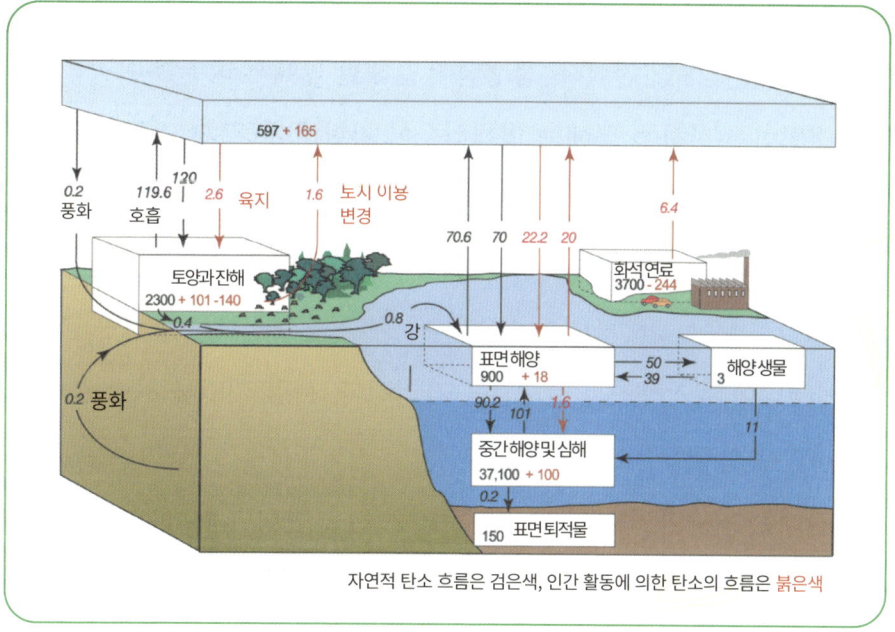

자연적 탄소 흐름은 검은색, 인간 활동에 의한 탄소의 흐름은 붉은색

지구 탄소 순환 모형

갯벌은 최고의 탄소흡수원

국립해양생물자원관 관람을 끝내고 모두 밖으로 나왔다.
"자, 이제 갯벌을 보러 갈 거예요. 모두 따라오세요."
아이들이 줄을 맞춰 선생님 뒤를 졸졸 따라갔다. 국립해양생물자원관 바로 옆에 서산 갯벌이 있었다.
따뜻한 햇볕이 봄바람을 타고 날아왔다. 바다로 갈수록 바람에 배릿한 바다 냄새가 더 진했다. 선생님이 갈대밭 앞에서 멈추었다.
"갯벌이 시작하는 곳에는 염생식물이 자랍니다. 주요 염생식물에는 갈대, 갯잔디, 갯메꽃, 갯방풍, 나문재, 칠면초, 퉁퉁마디, 순비기나무, 해홍나물, 통보리사초, 좀보리사초, 갯쑥부쟁이 등이 있습니다."

선생님이 얘기하면서 갈대밭을 가리켰다. 사람 키만큼 자란 갈대가 봄바람에 살랑살랑 흔들렸다.
"갈대는 지구환경을 지키는데 아주 큰 일을 합니다."
선생님은 갈대의 역할과 오염물질 제거 원리에 대해 알려주었다.
조금 더 아래로 내려가자, 펄이 쌓인 갯벌이 나타났다.

갯벌

갯벌에는 갈대, 칠면초 등 다양한 염생식물이 자란다. 이런 식물이 광합성을 통해 탄소를 흡수하여 퇴적층에 가둔다. 퇴적층은 산소가 거의 없는 상태의 환경이기 때문에 탄소는 이산화탄소로 분해되지 않고 숲보다 최대 50배 정도 빠르게 그대로 갯벌 토양에 저장된다. 또한, 갈대군락은 수질 정화, 폐기물 처리, 부영양화 억제 등 환경 정화 기능을 수행한다. 갈대는 뿌리에서 산소를 방출하는데, 이런 작용을 통해 뿌리 근처에 있는 미생물의 유기물 분해를 돕는다. 특히, 갈대는 납, 구리, 카드뮴 등을 흡수하여 뿌리에 저장하기 때문에 나쁜 물질이 땅 밖으로 나오지 못하게 막는다.

갈대숲에 사는 방게도 온종일 오염물질을 제거한다. 방게는 갈대밭에서 땅굴을 파고 구멍 안에 산다. 밀물이 들어오면 구멍이 무너진다. 갈대숲은 하루 두 번 밀물과 썰물이 오가기 때문에 방게는 하루 두 번 땅굴을 파서 집을 짓는다. 방게의 땅굴 파기는 해저 퇴적물을 아래에서 위로, 위에서 아래로 자연스럽게 옮겨주면서 오염물질을 깨끗하게 만들어준다.

"와! 바다다."

"선생님, 우리 조개 좀 잡으면 안 돼요? 온종일 공부만 한 것 같아요."

아이들이 갯벌을 보며 들뜬 마음을 서로 표현했다.

"그럼, 딱 5분만 갯벌 체험을 해볼게요. 딱 5분이에요."

선생님이 아이들을 데리고 갯벌 안으로 들어갔다. 주변에는 작은 물웅덩이만 있을 뿐, 생각만큼 질퍽거리지 않았다.

"고둥 하나 잡았어!"

4. 바다는 거대한 흡수원

한 아이가 하얀 고둥 하나를 높이 들어 올리며 소리쳤다.

"자, 이쪽으로 와보세요."

아이들이 선생님 주변을 에워쌌다. 선생님은 고둥을 바닥에 내려놓았다. 하얀 고둥이 천천히 기어가면서 구멍을 파고 갯벌 안으로 쏙 들어갔다.

"자, 여기 갯벌 흙이 어떤 것 같아요?"

선생님이 연한 황갈색 진흙을 손에 쥐어 보여주었다.

"썩은 거 같아요."

"맞아요. 색깔을 보면 썩은 것 같은데요."

앞에 있는 아이 몇몇이 조심스럽게 대답했다.

"여러분이 보기에는 갯벌 흙이 썩은 것 같지만, 전혀 그렇지 않아요. 조개, 고둥 같은 생물이 땅속으로 구멍을 파고 들어갈 때 흙을 뒤섞고, 그때 산소가 아랫부분까지 들어가거든요."

선생님은 얘기하면서 작은 삽으로 갯벌을 계속 팠다. 안으로 들어갈수록 색이 어두워졌다. 아이들은 스마트폰으로 사진과 동영상을 열심히 찍었다.

"갯벌이 건강할 때, 개, 조개,

갯벌의 생물 교반

갯벌의 색은 어둡지만, 펄 아래 깊은 곳은 잘 썩지 않는다. 갯벌에서 생물 교반이 일어나기 때문이다. 고둥, 조개 같은 저서생물은 갯벌에 살면서 굴진, 잠행, 포복, 굴착, 먹이 섭취, 배설 활동 등을 한다. 이런 활동을 통해 갯벌 위아래에 있는 퇴적물이 섞이거나 합쳐지는 생물 교반 작용이 일어난다.

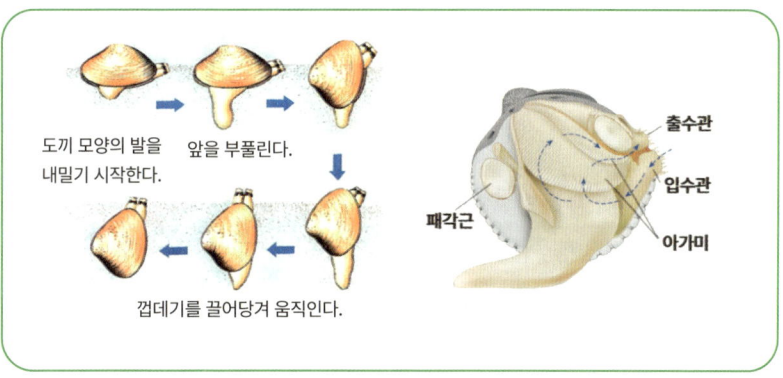

저서생물 갯벌의 생물 교반

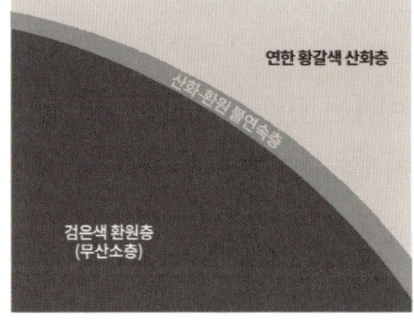

저서생물은 바닥의 표층 퇴적물에 서관(동물이 몸을 보호하기 위해 몸 밖으로 분비하여 만드는 구조물로 분비물은 점액질부터 딱딱한 석회질까지 다양하다)이나 땅굴을 뚫어 활동한다. 서관이나 땅굴을 통해 신선한 물이 아래까지 자연스럽게 흘러들어온다. 또한, 먹이활동(입수관)과 배설 활동(출수관)을 할 때도 물의 순환과 교환이 촉진된다. 이런 활동의 결과로 산소가 녹아있는 신선한 물이 갯벌 아래까지 스며들며 토양이 섞이지 않는다.

고둥 같은 생물이 잘 살 수 있습니다. 그런데 이런 생물도 이산화탄소를 저장한답니다."

처음 듣는 선생님 얘기에 모두 깜짝 놀라며 입을 쩍 벌렸다. 모두 초롱초롱하게 눈을 뜨며 선생님 얘기를 집중해서 들었다.

"바닷물에 녹은 이산화탄소가 게딱지가 되고 조개껍데기가 되는 거예요. 자, 또 한 가지 중요한 사실을 알려드릴게요."

대기의 이산화탄소는 바닷물에 녹아 탄산 이온으로 변한다. 조개, 고둥, 성게, 산호와 같은 해양생물은 딱딱한 뼈와 껍질을 만들기 위해 바닷속 탄산 이온을 사용한다. 지구온난화로 해양이 산성화되어 탄산 이온 농도가 낮아지면 조개 같은 해양생물은 탄산칼슘 부족으로 뼈, 껍질을 만들 수 없다. 결국, 시간이 지나면 조개, 고둥 같은 해양생물이 줄어들게 된다.

선생님은 갯벌에 대해 설명했다.

갯벌이란 바닷가에 펼쳐진 넓은 벌판이라는 뜻의 순우리말이다.

갯벌은 썰물 때(간조) 육지가 되고, 밀물 때(만조) 바다가 되는 땅이다.

"갯벌은 숲보다 이산화탄소를 최대 50배 정도 빠르게 저장합니다. 이런 점 때문에 갯벌을 최고의 탄소흡수원이라고 부릅니다."

"선생님, 진짜 엄청난데요. 갯벌만 잘 보존해도 탄소중립을 더 빨리

우리나라 숲과 습지의 이산화탄소 흡수

숲에서는 토양 속 박테리아가 유기물을 분해하는 과정에서 산소를 사용하고 이산화탄소를 배출하지만 해양생태계는 물에 잠겨 있어서 유기물을 분해하는 박테리아가 호흡할 수 없다. 그 결과 이산화탄소가 밖으로 배출되지 못하고, 유기물과 함께 갯벌이나 바닷속 토양에 저장된다. 우리나라 전체 숲 면적은 63,350k㎡이며, 연안 습지의 면적은 2,487k㎡이지만, 우리나라 전체 갯벌은 연간 26만 톤의 이산화탄소를 흡수한다. 이 수치는 자동차 11만 대가 배출하는 양과 같다.

우리나라 숲 면적과 연안 습지 면적

우리나라 숲과 연안 습지 이산화탄소 흡수량

이룰 것 같아요."

연우가 또롱또롱한 목소리로 얘기했다.

"맞아요. 갯벌 같은 습지는 탄소를 가둬 기후변화를 막는 데 중요한 역할을 합니다. 습지는 지구 지표면의 약 6%밖에 되지 않지만, 지상에 존재하는 탄소의 40% 이상을 저장할 수 있습니다."

선생님의 설명이 끝나고 자유시간이 되었다. 아이들 표정이 모두 밝았다. 이곳저곳에서 웃음이 터져 나왔다. 바다 갈매기가 펄럭거리며 흥을 돋웠다. 모두 자연이 주는 기쁨이었다.

9월 7일
푸른 하늘의 날

5장

환경 지킴이

 **잘피 숲을 만들자**

다음날, 아이들은 버스를 타고 바다식목일 행사장으로 이동했다. 주차장에서 내려 바닷가로 모두 향했다.

"어, 이곳은 조금 다르네."

"해수욕장처럼 백사장이 있어."

아이들은 바다를 보면서 저마다 한마디씩 내뱉었다. 갯벌과 달리 이곳 해안은 모래사장이 있었다.

밀짚모자를 쓰고 얼굴에 수염이 덥수룩한 아저씨가 아이들을 반겼다. 천막 아래 붙은 현수막에 '바다식목일 기념 서해바다녹화 잘피 심기 체험행사'라는 글씨가 쓰여 있었다.

"저것 좀 봐."

서윤이가 현수막을 가리키며 가온이에게 얘기했다.

"오! 쫠피. 사랑해요, 쫠피. 드디어 쫠피를 심는구나!"

가온이가 혀 꼬부리는 소리를 내며 춤을 추었다.

"야, 그만해. 부끄럽게."

다민이가 옆구리를 꾹 찌르자, 가온이는 헤벌쭉 웃으며 입을 다물었다.

 밀짚모자 아저씨가 마이크를 들고 앞으로 나왔다. 간단한 인사를 하고 바다식목일에 대해 설명했다. 5월은 해조류가 가장 잘 자라는 시기였다. 그래서 5월 10일을 바다식목일로 정했다.

 잘피 숲에 대해서도 알려주었다. 가온이는 싱글벙글 웃으며 설명을 들었다. 4월 기사로 이미 썼기 때문에 잘피 숲에 대해 누구보다 더 많이 알고 있었다.

 "야, 내가 잘피 박사인 거 알지? 이제부터 '닥터 잘피'라고 불러줘."

 가온이가 장난치며 다민이에게 말했다.

 밀짚모자 아저씨가 잘피를 높이 들어 보여주었다. 잘 자란 벼가 힘없이 축 처져 있는 모습이었다.

 "잘피 숲은 산림보다 이산화탄소를 더 많이 흡수하는데, 몇 배나 더 많을까요?"

 밀짚모자 아저씨가 아이들을 바라보며 문제를 냈다.

 "가온아, 몰라?"

 다민이가 귓속말로 가온에게 물었다. 가온이는 열심히 설명을 듣는 척하며 턱으로 앞을 가리켰다. 잘피가 이산화탄소를 많이 흡수한다는 것은 알았지만, 나무보다 얼마나 더 흡수하는지는 몰랐기 때문이었다.

"정답을 아는 학생에게 선물을 드릴게요. 얼마 전, 탄소중립교육연구소에서 발간한 '2050 탄소중립을 말해줘' 시리즈 5권 세트입니다."

가온이는 선물이 탐났다. 틀리면 망신이었다. 잘피 박사라고 말한 걸 후회했지만, 이미 엎질러진 물이었다.

몇몇 아이가 손을 들었지만, 모두 틀리고 말았다. 가온이는 딴청을 피우며 아이들의 대답에 귀를 기울였다.

'5배도 아니고 10배도 아니라면 훨씬 더 많다는 뜻인데……. 100배는 너무 많고 90?, 80? 에잇 모르겠다.'

가온이는 눈을 질끈 감고 손을 번쩍 들어 올렸다.

"가온아. 얘기 안 해?"

다민이가 흔들자, 가온이는 살며시 눈을 뜨고 주변을 살폈다. 모두 가온이를 쳐다보았다. 가슴이 두근두근 뛰었다.

"7, 70배입니다."

"네. 정답입니다. 이거 쉬운 문제가 아닌데, 어떻게 알았을까요? 그냥 찍은 건 아니겠죠? 앞으로 와서 선물 받아 가세요. 제가 저자 사인도 미리 받아놨습니다."

잘피 숲은 산림보다 훨씬 많은 이산화탄소를 흡수했다. 숲 1ha는 1년에 평균 12톤 정도를 흡수하지만, 잘피 숲 1ha에서는 830톤의 이산화탄소를 흡수했다.

가온이가 앞으로 걸어가자 아이들이 힘차게 손뼉을 쳤다.

"쟤가 이번에 해조 숲과 잘피에 대한 기사를 썼어요."

"쟤가 잘피 박사예요."

가온이는 아이들의 칭찬에 얼굴이 붉어졌다. 뒤에 있던 박경숙 팀장이 5월 신문을 들고 뛰어왔다. 밀짚모자 아저씨가 신문 기사를 읽고 환한 표정을 지었다. 가온이가 책을 받고 얼른 뛰어 들어가자, 아저씨가 다시 앞을 보았다.

"쉬운 문제가 아닌데, 역시 비결이 있었군요. 자, 이제 이동해서 잘피를 직접 심어보겠습니다."

아저씨가 백사장으로 걸어갔다. 상자에 잘피가 들어 있었다.

"잘 보세요."

밀짚모자 아저씨가 상자를 들고 물로 들어갔다. 바닷물이 종아리까지 올라와 찰랑거렸다. 아저씨는 뭉쳐있는 잘피를 적당한 크기로 나눠 뿌리 쪽을 황토로 감쌌다. 삽으로 구멍을 파고, 잘피 뿌리를 넣어 단단하게 주변 흙으로 고정했다.

"자, 이렇게 심으면 됩니다. 어렵지 않죠?"

"네."

잘피

5. 환경 지킴이

아이들이 동시에 대답했다.

"장화로 갈아 신고 물에 들어가 잘피를 심어주세요."

아저씨 얘기에 아이들은 백사장으로 돌아가 장화를 갈아 신고, 삽을 하나씩 챙겼다. 몇 명씩 짝을 지어 상자를 가지고 물속으로 들어갔다. 아이들은 물속을 돌아다니며 정성을 다해 잘피를 심었다.

"생각보다 쉽네."

연우가 잘피를 심은 후 발로 주변을 밟았다.

"오! 이거 하나가 나무 몇 그루야? 70그루! 히히."

가온이도 싱글벙글 웃으며 잘피를 심었다.

"오늘 우리가 도대체 얼마나 심은 거야?"

"한 사람당 4~5개 심었으니……, 나무로 치면……."

서윤이 얘기에 가온이가 손가락을 몇 번 접었다 퍼가며 수없이 계산했다. 모두 표정이 밝았다. 잘피를 심었다는 것보다 건강한 지구를 만들기 위해 직접 행동했다는 사실이 더 뿌듯했기 때문이었다.

근처 식당에서 점심을 먹고, 다시 버스에 올라탔다. 버스는 군산항을 지나 새만금 방조제로 들어섰다. 바다 한가운데 길이 나 있었다. 쭉 뻗은 도로가 바다를 예리한 칼로 두 동강 낸 것 같았다. 오른쪽에는 바다와 커다란 섬이 있었고, 왼쪽에는 바다와 땅이 불규칙적으로 나타났다 사라졌다.

서윤이는 차창 밖으로 바다를 보았다. 넓고 푸른 바다를 보니 마음이 편했다. 그런데 바다 색깔이 조금 이상했다. 오른쪽 바다는 맑고 푸른데 왼쪽 바다는 탁하고 어두웠다.

"어! 이상하다."

몇 번을 살펴봤지만, 왼쪽과 오른쪽은 확실히 색이 달랐다.

"이쪽으로 와 봐. 이상한 게 있어."

서윤이가 차창을 가리키며 다민이에게 얘기했다. 다민이도 바다를 살펴보았다. 왼쪽과 오른쪽 바다색이 확실하게 달랐다.

"같은 바다인데 색이 달라도 너무 달라."

"저기 좀 봐."

바다와 통하는 갑문이었다. 이곳을 통해 육지 쪽에 있는 물이 먼바다로 빠져나갔다. 넓은 바다에 비하면, 갑문 10개는 너무 초라했다. 새만금에는 바닷물이 흘러 나갈 수 있는 갑문이 딱 두 개밖에 없었다. 새만금 중간인 신시도 근처 신시배수갑문과 가력도에 있는 가력배수갑문뿐이었다.

버스가 새만금 방조제 한가운데 있는 신시도로 들어가 새만금 무궁화공원에서 멈추었다. 마지막 일정이었다. 이곳에 30분 동안 자유롭게 주변을 둘러보고, 2시까지 빨간 건물 옆 잔디밭에 모이라는 안내방송이 나왔다.

아이들은 줄을 맞춰 버스에서 내렸다. 넷은 바다가 보이는 곳까지 단숨에 뛰어갔다.

"와! 진짜 넓다."

다민이가 바다를 보며 기지개를 켰다. 바다 쪽에서 바람이 훅 불어왔다.

"냄새가 이상해. 썩은 냄새가 나."

다민이가 코를 막으며 얼굴을 찌푸렸다. 서해는 하루에 두 번 바닷물이 들어오고 나갔다. 하지만 작은 갑문 두 개로 밀물과 썰물이 원활하게 들어오고 나갈 수 없었다.

"반대편으로 가자."

넷은 바람이 불지 않는 곳으로 걸어갔다.

"저기 좀 봐!"

건너편에 갯벌을 메워 땅을 만드는 공사가 한창이었다. 불도저가 흙을 밀어 넣고, 굴착기가 돌아다니며 땅을 팠다. 반대편 쪽에는 풍력발전기가 윙윙 돌아갔다. 넷은 왼쪽 오른쪽 번갈아 살피며 씁쓸한 표정을 지었다.

2시가 되자, 아이들이 잔디밭에 모였다. 박경숙 팀장이 마이크를 잡고 앞으로 나왔다.

"어제 다녀온 갯벌에서 우리는 수많은 생명이 힘차게 살아가는 것을 볼 수 있었습니다. 하지만 지금 우리 눈앞에 있는 갯벌은 어떤가요? 똑같은 갯벌이지만, 너무 다릅니다."

팀장은 새만금 방조제에 대해 얘기하면서 갯벌이 인간에게 주는 이익과 손해를 다시 한번 강조했다. 선생님의 설명을 듣던 아이들 표정이 모두 어두웠다. 갯벌로 인한 이익보다 손해가 너무 크다는 것을 깨달았기 때문이다.

새만금 방조제

새만금 방조제는 총길이가 33.9km이며 세계에서 가장 긴 방조제로 기네스북에 등재되었다. 전라북도의 만경강과 동진강 하구를 방조제로 막고 내부를 흙으로 메웠다. 간척사업으로 인해 전라북도 군산시·김제시·부안군 공유수면의 401㎢(토지 283㎢, 담수호 118㎢)가 육지로 바뀌었다. 서울시 2/3에 이르는 면적이다. 간척지 조성으로 인하여 대한민국의 국토 면적은 10만 140㎢에서 10만 541㎢로 0.4% 늘어났다. 하지만 드넓은 갯벌이 단번에 사라졌다.

간척 사업은 갯벌의 재생·정화 능력을 파괴하고, 바닷물의 흐름을 가로막는다. 제대로 흐르지 못하는 물은 수질이 나빠지고, 생물이 살 수 없는 환경으로 변한다. 간척 사업으로 인해 지금까지 전체 갯벌의 50% 정도가 사라졌다.

▎우리나라 갯벌의 가치

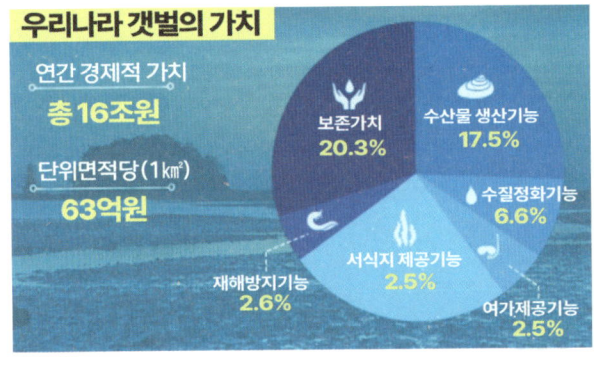

과거에는 갯벌을 쓸모없는 땅으로 여겨 간척 사업을 많이 했다. 하지만 갯벌의 과학적·생태적 가치가 새롭게 주목받으면서 갯벌의 보전과 복원에 관심이 높아졌다. 영국 유명한 과학잡지 네이처(nature)에서 갯벌 1ha당 약 1만 달러의 가치가 있다고 평가했다. 갯벌은 농경지보다 100배 이상으로 경제 가치가 높다. 해양수산부에서 우리나라 갯벌의 가치를 조사했는데, 1㎢당 63억 원의 가치가 있다고 평가했다.

# 환경 기념일 달력

 미디어 캠프를 다녀온 후, 아이들의 마음가짐이 달라졌다. 처음에는 들뜬 기분에 재미로 기사를 썼고, 한두 달 흐르면서 기사 제출을 숙제처럼 생각하며 부담감도 느꼈다. 하지만 지금은 캠프 이전보다 기사 제출 숫자도 많아졌고, 내용도 아주 충실해졌다.

 5월 끝자락의 날씨는 엄마 품처럼 따뜻했다. 점심을 먹고 넷은 학교 연못가에 모였다. 흰나비와 노란 나비가 너울너울 날아왔다. 가온이가 나비를 따라다니며 양팔을 위아래로 흔들었다.
 "캠프 또 가고 싶다. 엊그제 다녀온 것 같은데, 벌써 이 주일이나 지났잖아."
 "맞아. 잘피 또 심어야 하는데."
 다민이는 푸념을 늘어놓았고, 가온이는 연못을 바라보며 노래 부르듯 흥얼거렸다.
 "기사 마감 이번 주까지인데, 다 썼니?"
 가온이가 정신을 차린 듯 연우 옆에 바짝 붙어 앉았다.

"나는 새만금 방조제를 보고 느낀 점이 많았어. 갯벌을 없애고 간척 사업으로 얻는 것과 잃는 것에 대해 써보려고 해."

서윤이가 차분하게 얘기를 꺼냈다. 모두 같은 생각인지 말없이 고개를 끄덕였다.

"새만금 방조제 공사를 처음부터 하지 못하게 막을 수 없었을까?"

다민이가 심각한 표정으로 말하며 고개를 들었다.

"맞아. 우리가 갔던 갯벌은 향긋한 바다 내음이 났는데, 새만금 방조제는 썩은 냄새가 났잖아."

연우가 얘기하면서 가온이를 쳐다보았다. 서윤이와 다민이의 표정은 어두웠는데, 가온이만 생글생글 웃기 때문이었다.

"가온아, 뭐 좋은 생각 있니?"

서윤이가 고개를 갸웃거리며 물었다.

"있지. 내가 그럴 줄 알고 비장의 무기를 또 준비해왔잖아. 짜잔."

가온이는 얘기를 하면서 호주머니 속에 꼬깃꼬깃 접은 종이 한 장을 꺼내 보여 주었다. 몇 년 된 신문에서 찾은 기사였다.

"이게 사실이야?"

"와! 해양보호구역으로 지정되면, 개발도 막을 수 있고 자연도 보호할 수 있네."

잘피 숲이 화력발전소 건립을 막았다!

경남 통영에 화력발전소 건립이 추진되었다. 통영 앞바다는 물살이 잔잔해 양식장이 많고, 어족 자원도 풍부하다. 이곳에 발전소가 들어서면 해양생태계에 큰 문제가 생긴다. 통영 주민은 발전소 건립을 반대했다. 이유 없는 반대가 아닌 진짜 환경을 생각하는 마음에서 발전소 건립을 막아내기로 계획을 세웠다.

지역 주민은 통영 앞바다를 지키기 위해 잘피 숲을 조성했다. 견내량 앞바다에는 무려 300만 평이나 되는 잘피 숲이 있었는데, 굴이나 멍게 양식, 바다 쓰레기, 조선소 폐수 등의 영향으로 많이 줄어든 상태였다. 하지만 지역 주민은 잘피 복원 기술을 개발해 바다에 잘피 숲을 조성하기 시작했다. 바다가 살아나자, 지역 어촌계는 통영 앞바다를 해양보호구역으로 지정해달라고 신청서를 넣었다. 해양보호구역이 되면 발전소 같은 시설을 지을 수 없기 때문이다.

해양수산부는 2020년 2월 14일 용남면 소우초도에서 동쪽으로는 소류도 인근까지, 남쪽으로는 이순신공원 인근 해역까지 약 1.93㎢(58만 3,825평) 되는 선촌마을 앞바다를 '해양생태계 보호구역'으로 지정했다.

'해양보호구역'이란, 해양생태계 및 해양경관 등을 특별히 보전할 가치가 있어 국가 또는 지자체가 특정 공유수면에 대해 지정·관리하는 구역으로, 「해양생태계의 보전 및 관리에 관한 법률」 제25조와 「습지보전법」 제8조에 의하여 해양수산부 장관이 지정·고시하는 구역을 말한다.

셋은 기사를 보고 표정이 밝아졌다.

"휴!"

가온이가 긴 한숨을 내쉬며 셋을 바라봤다.

"뭐가 또 문제인데?"

가온이는 잠시 뜸을 들이다가 얘기를 시작했다. 몇 가지 문제가 있었지만, 초등학생에게는 거의 불가능에 가까운 일이었다.

"맞네. 이런 건 어른들이 해야 할 일이잖아. 우리가 기껏 생각해 봤자 얘기할 곳도 없어."

다민이는 입술을 불룩하게 내밀며 구슬픈 목소리로 얘기했다.

"그래서 말인데……."

가온이가 우렁찬 목소리에 모두 고개를 돌려 가온이를 보았다.

"우리가 기사를 쓰는 것도 좋지만 더 건강한 지구를 만들기 위해 뭔가 행동으로 실천해보는 건 어떨까?"

가온이의 얘기에 모두 밝은 표정을 지으며 고개를 끄덕였다. 가온이는 생글생글 웃으며 주머니 속에서 뭔가를 또 꺼냈다. 이번에는 두툼한 종이였다.

"이거 환경 기념일에 대해 정리한 자료야. 지난번에 봤지? 우리 캠프 다녀온다고 모두 잊은 것 같은데, 이제 슬슬 시작해보자."

"달력 만들려면, 받침대를 나무로 만들어야 하잖아. 이번 주 토요일에 할아버지 찾아가서 만들어달라고 부탁해보자. 어때?"

"좋아. 나는 찬성."

"나두."

다민이와 연우가 흔쾌히 대답했다.

"서윤아, 너는?"

다민이가 서윤이를 쿡 찔렀다.

"당연히 나도 하지. 나는 엄마랑 같이 그림을 그려볼게. 달력 만들어 팔려면 예쁘게 좋잖아."

토요일 오전, 아이들은 나무 박사 할아버지를 찾아갔다. 가온이가 환경 기념일 달력에 대해 열심히 설명했다.

"사람들은 식목일 같은 날만 나무 심을 생각을 하잖아요. 식목일 말고도 환경 기념일이 서른 개도 넘어요. 환경 기념일 달력을 보고 이 날만이라도 환경을 생각한다면, 지구가 더 빨리 건강해질 것 같아요."

"아주 좋은 생각이다. 이런 달력이 있다면, 우리 지구가 얼마나 소중한지 단 하루도 잊지 않을 거야."

할아버지는 얘기를 듣고 바로 승낙했다. 목소리도 아주 경쾌했다.

"할아버지, 그런데 1월에는 환경 기념일이 하나도 없어요. 다른 달에는 다 있는데 말이에요. 어떡하죠?"

서윤이의 얘기에 할아버지도 잠시 당황한 듯 눈을 껌뻑거렸다.

"뭘, 어떡해? 짜잔!"

가온이가 두 손가락을 브이(v) 모양으로 벌리며 흔들었다.

"우리 몰래 또 준비한 게 있어?"

다민이는 눈을 가늘게 뜨며 가온이를 노려봤다. 가온이는 주머니에서 뭔가 꺼내는 시늉을 하더니 엄지와 검지를 겹쳐 하트모양을 만들어 내밀었다.

"히히!"

"진짜, 너 여기까지 와서 장난칠래?"

서윤이가 픽 웃으며 가온이의 옆구리를 꼬집었다.

"아얏! 뭘 하긴. 달력 만들면 되지. 1월에 1년 환경 실천 계획을 잡으면, 1년 동안 환경을 생각하고 실천할 수 있어. 안 그래? 하하하!"

가온이는 입을 가리고 '하하하, 호호호' 소리 내며 웃다가 뒤로 발라당 누워버렸다. 그러고는 하늘을 향해 소리 질렀다.

"파란 하늘, 흰 구름, 너무 아름다워. 하늘아, 사랑해. 자연아, 사랑해."

가온이의 목소리가 공중으로 높게 울려 퍼졌다.

"찍찍찍찍. 짹짹짹짹."

작은 새 몇 마리가 날아와 하늘 높이 올라갔다. 파란 하늘, 흰 구름 사이에서 작은 점 몇 개가 정신없이 돌아다녔다.

"그림 좋다!"

가온이는 혼잣말을 내뱉으며 하늘을 바라보았다. 얼굴에 묘한 행복감이 감돌며 볼우물이 생겼다. 보면 볼수록 기분 좋아지는 하늘 풍경이었다.

 에필로그

　세찬 바람에 노란 은행잎이 원을 빙빙 그리며 떨어졌다. 하늘은 맑았지만, 날씨가 제법 쌀쌀했다. 며칠만 지나면 12월이었다.
　넷은 신문사를 향해 경쾌하게 걸었다. 크리스마스 전에 우수 기사 발표를 하기 때문이었다.
　"우리가 되겠지?"
　가온이의 목소리가 경쾌했다.
　"당연하지. 누가 우리를 따라오겠어."
　서윤이도 싱글벙글 웃으며 대답했다. 넷 중에 가온이의 점수가 가장 낮지만, 그래도 100명 중 3등이었다. 4등과 점수 차이가 무려 10점 이상 났다. 연우도 1기 중에서 2등이었다.
　가온이가 얘기를 꺼내면 서윤이가 맞장구를 치고, 연우가 또 거들었다. 넷은 지난 일을 떠올리며 신나게 수다를 떨었다.
　"어! 다 왔네."
　얘기하다 보니 벌써 신문사 앞이었다.
　"얼른 들어가자. 이연우 우수 기자님."

"네, 같이 가시죠. 정가온 우수 기자님."

둘은 마지막까지 장난을 치며 계단을 올라갔다.

하늘 꼭대기에 있던 해가 서쪽으로 움직였다. 눈이 올 듯 회색 구름이 천천히 몰려와 해를 가렸다. 오후 4시밖에 되지 않았지만, 주변이 제법 어두웠다. 신문사 건물에서 아이들이 내려왔다. 서로 인사를 하면서 각자 방향으로 흩어졌다.

"이거 큰일인데!"

연우가 먼저 얘기를 꺼냈다.

"야, 여기서 이러지 말고 어디 들어가서 얘기 좀 하자."

"좋아."

마치기 10분 전, 단상님이 앞에 나와 특별 행사를 발표했디. 골든벨 퀴즈 대회였다. 본선까지만 올라가면 엄청난 점수를 받을 수 있고, 본선 진출자 모두에게 평가 점수 20점을 주었다. 게다가 1등은 30점, 2등은 20점, 3등은 10점의 추가 점수가 있었다. 위기였다. 예선에서 떨어지면 우수 기자 선발에서도 떨어질 수 있었다.

넷은 신문사 앞에 있는 제과점으로 들어갔다. 각자 빵을 하나씩 고른 뒤, 자리에 잡았다. 이제 습관처럼 아무도 음료수를 시키지 않았다.

넷은 빵을 먹으며 골든벨 퀴즈 대회에 관해 얘기했다.

"완벽하게 공부해야 우리 모두 살아남을 수 있어."

다민이가 목에 힘을 주며 얘기했다.

"맞아. 우리 중 한 명이라도 떨어지면, 너무 마음이 아프잖아."

"히히. 방법이 전혀 없는 건 아닌데."

가온이가 실실 웃으며 방긋 웃었다.

"뭔데?"

셋이 동시에 얘기하며 가온이에게 고개를 돌렸다. 가온이는 방긋 웃으며 남은 초코빵을 입에 쏙 넣었다. 그러고는 자기 생각을 천천히 얘기했다.

"오, 좋은데. 가온이 말처럼 서로 예상 문제를 만들어서 진짜처럼 연습해 보면 골든벨 퀴즈 예선은 무난하게 통과할 수 있을 거야."

"역시."

넷은 고민이 풀렸는지, 표정이 다시 밝아졌다. 남은 시간은 고작 2주였다. 최선을 다해 준비하면 해낼 수 있다는 자신감이 생겼다.

"자, 우리 여기서 파이팅 한번 하자."

연우가 손바닥을 앞으로 내밀었다. 모두 손을 내밀고 한목소리로 파이팅을 외쳤다.

"학생들, 목소리 조금만 낮춰주세요."

옆자리에 있던 아저씨가 넷을 보며 점잖게 얘기했다.

"죄송합니다."

가온이가 일어나 공손하게 사과했다.

넷은 빵을 다 먹고 밖으로 나왔다.

"와! 시원하다."

"히히. 날씨 좋네. 하하."

가온이가 맑은 하늘을 보며 호탕하게 웃었다. 하늘은 언제 그랬냐는 듯 구름 한 점 없이 맑고 깨끗했다.

슬기로운 탄소중립
이산화탄소를 줄이고, 잡아라

개정판 1쇄 찍은날 | 2023년 10월 02일

글 | 정종영
그림 | 정유나

펴낸이 | 박성신
펴낸곳 | 도서출판 쉼
등록번호 | 제406-2015-000091호
주소 | 경기도 파주시 문발로115, 세종벤처타운 304호
대표전화 | 031-955-8201 **팩스** | 031-955-8203
전자우편 | 8200rd@naver.com

ISBN 979-11-87580-80-5 73450

· 이 책은 저작권법에 따라 보호를 받는 저작물입니다.
  무단전재 및 무단복제를 금합니다.
· 잘못된 책은 구입하신 곳에서 교환해 드립니다.
· 쉼어린이에서는 원고투고를 받습니다. 전자우편 8200rd@naver.com으로 보내주세요.

이 책에 나오는 자료의 정보는 한국이산화탄소포집및처리연구개발센터, 산림청, 해양수산부, 국립해양박물관, 해양환경공단, 해양수산부, 국립산림과학원, KCRC, 과학기술정보통신부, 산업통상자원부, 한국석유공사, 국립생물자원관, 국립수목원, UN웹사이트, 한국해양과학기술원, climeworks, 집씨통, 2050탄소중립위원회에서 출처하였습니다.